Das Leininger Land

Joseph Rüttger/Wolfgang M. Schmitt

Das Leininger Land

Grünstadt und Umgebung

Garamond Edition

Mit 46 ganzseitigen Farbaufnahmen von Wolfgang M. Schmitt.
Sämtliche Fotos wurden für das Buch exklusiv angefertigt.

Kartenzeichnung, Seite 104: Herbert Tandler

Übersetzer der fremdsprachigen Teile:
Erika Rüttger (Französisch), Günter Schott (Englisch)
Schutzumschlag: Here-Dinna GmbH und H. u. H. Wurth, Mannheim
Verlagsherstellung und Schlußredaktion: Ingo Waldau, München 71
Gesamtherstellung: Friedrich Pustet, Regensburg
Printed in Germany 1983 (11/5/1)
ISBN 3-922579-01-9

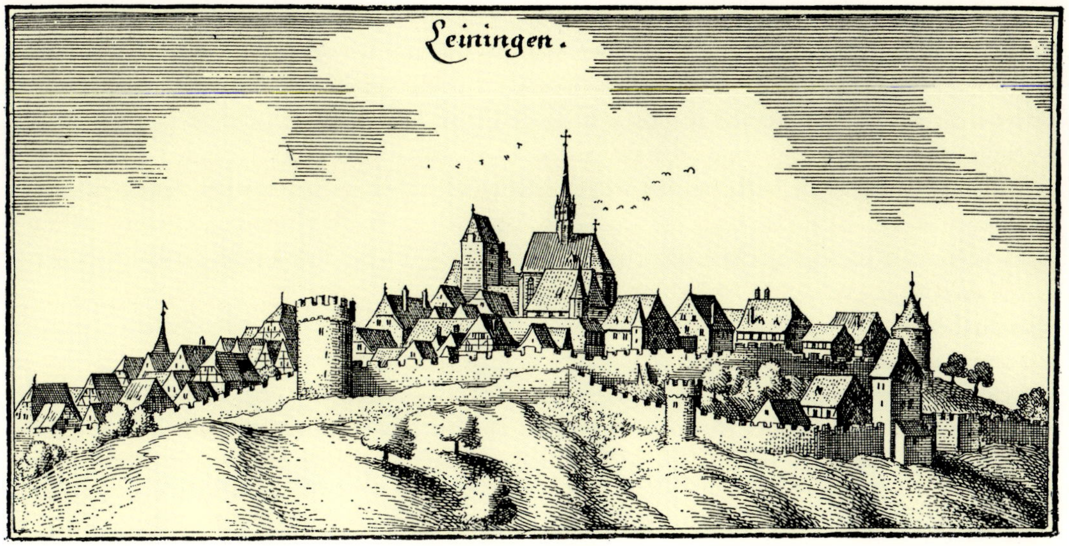

Nach einem Kupferstich von Matthäus Merian 1645

Inhalt · Contents
Table des matières

Das Leininger Land, wie wir es heute verstehen, ist der engste Bereich ehemaliger Leininger Herrschaft, mit Stammburg, den nahen Zweigburgen und mit der späteren Residenz Grünstadt. Der Begriff deckt sich nicht mit der damaligen Grafschaft Leiningen, deren Grenzen ohnehin wechselhaft waren und nicht eindeutig festliegen. Er ist auch nicht mit denjenigen Territorien gleichzusetzen, die im Eigentum oder als Lehen zur Verfügung der Grafen standen. Erst recht ist er nicht zu verwechseln mit dem viel weiter reichenden, aber noch schwerer abzugrenzenden Einflußgebiet. Doch geht es hier ja nicht um eine historisch exakte Bestimmung, sondern mehr um das, was vom Gefühl der hier beheimateten Menschen als »ihr Leininger Land« umschlossen wird, so wie es etwa unsere Karte am Schluß des Buches zeigt.

Sollen daher die Grenzen fließend bleiben, auch wenn dieser Darstellung naturgemäß »Grenzen gesetzt« sind. Eine dieser Grenzen ist auch die Erkenntnis der historischen Wahrheit. Je weiter zurück die Ereignisse liegen, desto schwieriger ist ihre zeitliche Bestimmung, um so mehr gerät der Historiker in den Bereich der Spekulation und der Theorien. Die Erforschung der Genealogie der Grafen von Leiningen ist trotz der beim Studium zahlreicher Quellen erzielten Ergebnisse noch nicht abgeschlossen. Selbst die Personen in den Anfängen des 2. Jahrtausends unserer Zeitrechnung, um das Jahr 1100, sind oftmals unklar, um so mehr, als damals der Vorname die eigentliche Personenbezeichnung war. So läßt sich in den uns jetzt erkennbaren Anfängen der leiningischen Ahnenreihe nicht exakt festlegen, ob ein erwähnter »Emich« noch der Vater oder schon der älteste Sohn war. Da dies für die vorliegende Betrachtung aber nicht entscheidend ist, wird in Zweifelsfällen auf eine numerische Bezeichnung verzichtet.

Dem ortsfremden Leser gilt der Hinweis, daß der Begriff »Unterhaardt« den nördlichen Teil des am Haardtgebirge gelegenen Weinlandes umfaßt, demnach im Wesentlichen auf dieses Weinbaugebiet (im Gegensatz zu »Mittelhaardt« und »Oberhaardt« = südliche Weinstraße) bezogen ist. Es sind die Dörfer um den nördlichsten Teil der »Deutschen Weinstraße« gemeint. Das »Leininger Land«, wie es oben definiert wurde, erstreckt sich aber in seinen westlichen Teilen weit darüber hinaus.

Die Tatsache, daß der »Pfälzische Erbfolgekrieg«, mit seinen zerstörerischen Folgen für dieses Land, zumindest mit den Jahreszahlen 1689/90 häufig Erwähnung finden muß, zwingt zu einer Klarstellung. Es handelt sich um die kriegerischen Auseinandersetzungen, die 1685 mit dem Tode des Kurfürsten Karl von der Pfalz, des letzten männlichen Sprosses des Hauses Simmern ausgelöst wurden. Er war der Bruder der sog. »Lieselotte von der Pfalz«, der Gemahlin Philipps von Orleans. Dessen Bruder, König Ludwig XIV., machte nun entsprechende Erbansprüche geltend. Die daraus entstandenen Streitigkeiten sind jedoch nur ein Teil des übergeordneten zehnjährigen Konfliktes, der zwischen Frankreich und dem übrigen Europa entbrannte. Um das Übergewicht Frankreichs einzudämmen, hatten sich in der »Augsburger Allianz« das Haus Österreich mit Schweden, Bayern, Franken und den oberrheinischen Kreisen zusammengeschlossen. Der hier interessierende Teilkrieg im Land nahe der Grenzen zu Frankreich wird daher vielfach, insbesondere in der französischen Geschichtsschreibung, nach der »Augsburger Liga« benannt.

Eine zusammenfassende Beschreibung des Leininger Landes in einem Buch gab es bislang nicht, weder als Text- noch als Bildband. Dies hängt sicher auch mit der gängigen Vorstellung von der Mittelhaardt als alleinigem Erzeugungsgebiet von pfälzischen Spitzenweinen zusammen und, soweit es die Südpfalz betrifft, mit deren besonderem Liebreiz. Da nun seit dem Ende des zweiten Weltkrieges in wachsendem Maße Weine von höchstem Rang, mit jeweils eigenem Charakter, in allen pfälzischen Anbaugebieten produziert werden, haben sich hier die Gewichte verlagert. Auch haben die Gegenden des Leininger Landes es verstanden, ihre besonderen Eigenarten weiter zu entwickeln und besser zu pflegen. All dies ins Bewußtsein zu rücken ist die eine Aufgabe, die Verlag und Autoren sich gestellt haben. Die andere Zielrichtung des Buches ist die, Einheimischen wie Zugezogenen und Besuchern mehr Information und einen Überblick zu geben. Die vorhandenen landschaftlichen, baulichen und künstlerischen Schönheiten erforderten als angemessenen Rahmen die Darstellungsform eines Bildbandes. Es versteht sich von selbst, daß damit auch die zu vermittelnden Informationen sich diesem Rahmen anpassen mußten.

Introduction

The *Leininger Land* (Leiningen Country) is the region where the Counts of Leiningen had their ancestral seat and from where they started their way into history, which gave them influence far beyond their home territory. The English visitor will be interested in the fact that Prince Karl zu Leiningen was Queen Victoria's half-brother. Even today direct descendants live in Amorbach in the Odenwald, and in Westerburg.
The ruins of the castles, the once fortified villages and churches, containing many an art treasure, are testimonies of a troubled past. Situated on the edge of the Pfälzer Wald, the Leininger Land is also a landscape of picturesque villages and green valleys. Where the eastern slopes descend towards the plain, one comes to the wine land of the Unterhaardt. It is the northern part of the Palatinate area, where wine is grown, where there is brilliant sunshine, mild climate, and fertile soil. In their cosy wine vaults and wineshops the winegrowers offer wine-tasting sessions and light meals to the visitors. All over the Leininger Land guest-houses and restaurants are found, where one can become acquainted with Palatinate cooking.

Préface

Le *Leininger Land* est le territoire d'origine des comtes de Leiningen, renfermant leur résidence, d'où leur chemin les emmena à une importance qui dépassait largement les limites de leur pouvoir territoriale. De nos jours, des descendants en ligne directe vivent à Amorbach/Odenwald et à Westerburg/Westerwald. Les témoins du passé souvent mouvementé du Leininger Land sont les ruines des châteaux, les lieux autrefois fortifiés et les églises contenant maint trésor d'art.
Situé à la lisière de la Forêt du Palatinat, le Leininger Land est aussi un paysage de vallées verdoyantes aux eaux ruisselantes et de villages pittoresques.
Là, où les versants est se penchent vers la plaine, on gagne la région viticole de l'Unterhaardt, partie nord du vignoble palatin, terre ensoleillée aux climats deux et aux sols fertils. Dans leurs caveaux accueillants et les «Probierstübchen», les vignerons offrent aux visiteurs des dégustations de vins et des petits repas. Partout au Leininger Land on trouvera des auberges et des restaurants, permettant de connaître la cuisine palatine.

Zu den beiden folgenden Seiten
Ein frühes Zeugnis für das Leininger Grafengeschlecht findet sich auch in der »Manessischen Handschrift«, der bedeutendsten Sammlung mittelhochdeutscher Minnedichtung: ein vom Ritter »Grave Friderich von Liningen« verfaßtes Minnelied, und im Bild Graf Friedrich im Kampf gegen die »Heiden«.
Die Liederhandschrift entstand vermutlich ab 1300 im Gebiet von Zürich und befindet sich heute in der Universitätsbibliothek Heidelberg (vgl. Seite 98). Die Wiedergabe der umstehenden Handschrift-Spalte entspricht dem Erhaltungszustand des Originals.
Die hier zusätzlich wiedergegebene hochdeutsche Fassung des Minnesanges stammt von dem Heimatforscher Jakob Böshenz (1871–1957), ehemals Lehrer in Bockenheim.

Elucidation of the following two pages
An early testimony of the Leiningen family is found in the "Codex Manesse", which is the most important collection of medieval minne poetry: It is a minnesong written by knight "Grave Friderich von Liningen", and depicted on the opposite page the same Frederic, Count of Leiningen, in a fight against a pagan enemy.
The "Codex Manesse" Script of Songs presumably originated in the region of Zürich from 1300 onwards. Today one will find it in the university library of Heidelberg. The facsimile printed on page 8 has the same quality as the original manuscript of the Codex Manesse.
The version of the minnesong in High-German printed here, originated from the vernacular expert Jakob Böshenz (1871–1957), who in former times was a teacher at Bockenheim.

Commentaire pour les deux pages suivantes
Des témoins des débuts des comtes de Leiningen se trouvent aussi dans le «Codex Manesse», recueil le plus célèbre de chansons d'amour courtoises en moyen haut allemand: un «Minnelied» composé par le chevalier «Grave Friderich von Liningen» et une miniature montrant le comte Friderich combattant un païen.
Les chansons manuscrites furent recueillies à Zurich vers 1300 et sont aujourd'hui en possession de la Bibliothèque Universitaire de Heidelberg. Cette reproduction montre le manuscrit comme il est conservé en original (voir page 8).
La version du chant en allemand actuel reproduite ici est l'oeuvre du chercheur régional Jakob Böshenz (1871–1957) autrefois instituteur à Bockenheim.

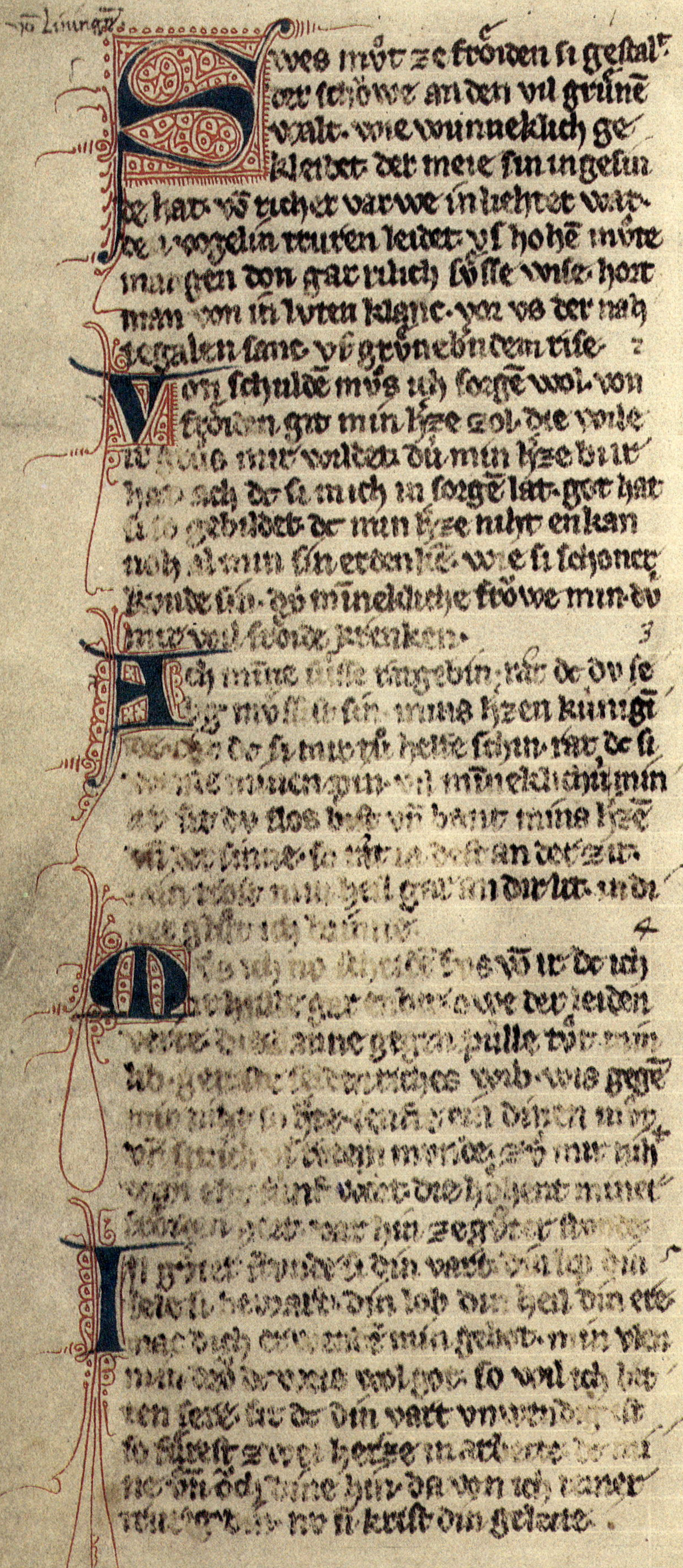

Friderich von Linigen (1159 oder 1179–1220) ist Verfasser dieses Minneliedes, das auf Blatt 13 der Manessischen Handschrift überliefert ist. (Druckqualität wie Original).

Wes Herz auf Freude hold bedacht,
schau' an die grüne Waldespracht.
Wie wunderbar gekleidet
der Mai sein Ingesinde hat,
wie reich gefärbt die lichte Wat!
Die Trauer ist verleidet
den Vöglein, die nun frohgemut
anstimmen süße Weise
allüberall mit lautem Klang,
voraus der Nachtigall Gesang
auf grünem, schwankem Reise.

Mit Recht bin ich des Kummers voll.
Mein Herz zahlt seiner Freuden Zoll,
dieweil kalt ihre Grüße.
Ach, die mein Herze hält so fest
und die mich so in Kummer läßt,
Gott schuf sie also süße,
daß nimmermehr mein Herz vermag
noch all' mein Sinn zu denken,
wie du noch schöner könntest sein,
du minnigliche Fraue mein,
die du mich so willst kränken.

Rat', daß mir helfend nahe sei,
rat', daß sie mich von Pein befrei',
die wundersel'ge Minne!
Du bist das Schloß, du bist das Band,
das Herz und Sinn mit schließt zusammen,
's ist an der Zeit, so rate mir:
Mein Trost, mein Heil liegt ganz bei dir,
Ich brenn' in deiner Liebe Flammen.

Nun muß ich scheiden so von ihr
und ihrer Huld entbehren schier.
O weh der Fahrt voll Schmerzen!
Fort gen Apulien fährt mein Leib.
Sei gnädig mir, du selig Weib,
und nicht so hart von Herzen!
Zur Milde sänft'ge sich dein Sinn
und sprich aus rotem Munde
nicht mehr nur als fünf Wort',
reich mehrend meines Glückes Hort:
„Fahr' hin zu guter Stunde!" –

Zu guter Stund geh' deine Fahrt!
Leib bleib' und Seel' dir wohl bewahrt,
dein Lob, dein Heil, dein' Ehre!
Zwäng' dich zur Umkehr mein Gebot,
mein Fleh'n, mein Drohen, das weiß Gott,
ich wollte bitten sehre.
Seit unabwendbar deine Fahrt,
warfst unsre Herzen beide
in Qual du, meins und deines, hin
daß ich hinfort stets traurig bin.
Nun sei Christ dein Geleite!

Graue Friderich von Liningen. xiij.

Burg Altleiningen

Wie ein mächtiger Riegel sperrt die massige Ruine des Stammsitzes der Grafen von Leiningen, die dieser Region ihren Namen gaben, das liebliche Seitental, das auch in winterlichem Kleid – in dieser weinreichen Gegend eine Seltenheit – Spaziergängern Gelegenheit gibt, über das Geschlecht nachzudenken, das seinen geschichtlichen Weg von hier aus begann. Im angrenzenden Haupttal jedoch, dessen Bachlauf Landstraße und die noch teilweise befahrene Bahnlinie folgen, stellt sich der dreieckige Grundriß des Bauwerks wie die Spitze eines Keils jedem Eindringling von Osten entgegen. Um 1100–1110 von Graf Emich (vermutlich Emich II.) in einem ersten Abschnitt erbaut – es finden sich noch typisch staufische Mauerreste mit den umrandeten Buckelquadern –, wurde das Schloß in den folgenden Jahrhunderten immer wieder erweitert und vergrößert. Im »Pfälzischen Erbfolgekrieg«, in der Pfalz vielfach auch der »Orleanische« genannt, wurde der stattliche Bau, wie auch das Heidelberger Schloß, 1690 zerstört. Der sich vom Amseltal bietende Anblick läßt es glaubhaft erscheinen, daß das Schloß einmal soviel Fenster aufwies, »wie das Jahr Tage zählt«. So war und ist der imposante Bau bis auf den heutigen Tag ein Zeichen für den nicht unerheblichen Einfluß, den die »Grave von Liningen«, wie sie in alten Urkunden genannt werden, ausübten.

Die berühmte »Manessische Liederhandschrift« enthält neben der bildlichen Darstellung einer Kampfszene des »Friderich von Liningen« auch ein von ihm verfaßtes Minnelied, das, im Stile Walters von der Vogelweide, den Abschied des sich zum Kreuzzug rüstenden Ritters von der »mineklichen fröwe« schildert, die auf eben dieser Burg zurückblieb (vgl. Seiten 7 bis 9). Dieses kulturelle Erbstück steht würdig neben der politischen Bedeutung der Leininger Grafen. Die Nachbarschaft zur Burg Kaiser Rotbarts in Kaiserslautern, die unmittelbare Nähe der für das Reich bedeutsamen Städte Mainz, Worms und Speyer, die unweit gelegene Reichsveste Trifels – das alles waren ideale Voraussetzungen für ein politisches Engagement.

Dabei erlangte dieses Geschlecht pfälzischen Uradels mit seinen Besitzungen von Mainz bis ins Elsaß im Dienste der deutschen Könige und Kaiser, als Reichskanzler und Landvögte, das eigene Herrschaftsgebiet übergreifende Bedeutung. In französischen Urkunden, vorwiegend im Elsaß, finden wir die »Comtes de Linanges«, im deutschen Sprachraum verzweigte sich das Geschlecht in mehrere Linien. Regierende Funktionen sind von 1096 bis gegen Ende des 19. Jahrhunderts, also über etwa 800 Jahre hinweg, nachweisbar. Der Halbbruder der Königin Victoria von England, Fürst Karl zu Leiningen, war erster Präsident des Reichsministeriums von 1848. Direkte Nachkommen leben heute noch in Amorbach im Odenwald und in Westerburg (Westerwald).

Altleiningen Castle

The family which gave its name to this region can be traced back to the 11th century. They were highly influential in politics without interruption from 1096 till 1868. The neighbourhood of France and the vicinity to the towns of Mainz, Worms, and Speyer, having played an important part in history, strongly affected the fate of the country and its inhabitants. The minnesong of "Friderich von Liningen" (1159/79–1220), recorded in the Codex Manesse as shown on page 8, is a literary document of his time. The ancestral seat of the Counts of Leiningen was built between 1100 and 1110 and destroyed in the War of Orleans Succession in 1690.

Château d'Altleiningen

La famille à laquelle cette région doit son nom est attestée en ligne ininterrompue de 1096 à 1868. Les comtes de Leiningen ont exercé des fonctions politiques très importantes. La proximité de la frontière française et le voisinage des villes puissantes de Mayence, Worms et Spire ont formé, pendant des siècles, les destin du pays et de ses habitants.
Le Minnelied de «Friderich von Liningen» (1159/79–1220) contenu dans le recueil de chansons d'amour courtoises, le «Codex Manesse», est un témoin littéraire du moyen-âge, voir page 8. – Le château d'Altleiningen, construit vers 1100 à 1110 a été détruit en 1690, au cours de la guerre de la Ligue d'Augsbourg.

»Burgspiele« Altleiningen

Das Leininger Land schmiegt sich an die nordöstliche Ecke des riesigen Grünflecks auf der Landkarte, genannt »Pfälzer Wald« – größtes zusammenhängendes Waldgebiet Deutschlands (rund 1350 km^2) – wie an eine große Bettdecke, so als hielte es sich allzeit bereit darunterzuschlüpfen, wenn die Stürme der Zeit es erforderten. Wäre eine solche Flucht aus der Geschichte möglich, an Anlässen hierzu hätte es diesem »Grenzland« nie gefehlt. Noch als Anlieger der vom sog. »Schicksalsstrom der Deutschen« durchzogenen Rheinebene anzusehen, in der seine reichsten Siedlungen beheimatet sind, öffnen sich seine westwärts ziehenden Täler zum Saarland und großen Nachbarn Frankreich. Nach Norden grenzt es sich gegen den höchsten Berg der Pfalz ab, den »Donnersberg«. Er ist vulkanischen Ursprungs, Göttersitz und Fliehburg zugleich, und bildet mit den Ausläufern des Haardtgebirges den Übergang zur alten Provinz »Rheinhessen«. Über die Stufen der Vorhügel steigt das Land am Rand der Westseite des Rheingrabenbruches bis zu den kahlen Nordenden der Haardt empor, west-ostwärts durchschnitten von den Wasserläufen des Eckbachs und der Eis. – Vom Eckbach, ehemals »Leinbach«, leitet sich der Name »Leiningen« ab. Der Leinbach soll wiederum seine Bezeichnung vom »Leinbaum«, dem Ahorn (mittelhochdeutsch: »Lin« und »Linahe«) erhalten haben. Gleichen Ursprungs ist auch der Name des Dorfes *Altleiningen*: »Linonga« (780). Den Zusatz »Alt« (Liningen antiqua) erhält es erstmals 1242, zur Unterscheidung von dem damals 8 km östlich an der Talöffnung entstandenen weiteren Familiensitz »Neuleiningen«.
Die »anerkannte Fremdenverkehrsgemeinde«, zu Füßen des Burgberges gelegen, ist Ausgangspunkt zahlreicher Waldwanderwege. Sie bietet, neben einer besonders wasserreichen Quelle mit 20 armdicken Rohren, neuerdings noch einen Waldlehrpfad an, der auch Schwerbehinderten zugänglich ist. Partnergemeinde ist Oberbronn-Zinswiller im Elsaß.
Die Burg selbst hat sich im Lauf der Zeiten stark verändert. Nach ihrer Zerstörung im Jahre 1690 zerfiel die Ruine in den folgenden Jahrhunderten immer mehr. Da entschloß sich der Landkreis 1951 zum Ankauf und stellte 1968 die wiederaufgebauten Teile der Burg – der Rest wurde als Ruine abgesichert und restauriert – als Jugendherberge in Dienst. Mit den vorhandenen Spielplätzen und dem zum Schwimmbad ausgebauten Burggraben ist nunmehr die Burg zu einer echten »Stätte der Begegnung« geworden. Veranstalter nutzen den Festsaal und die nach wie vor romantische Kulisse zu Konzerten, Theater, Spiel und Tanz, den Burgplatz als Austragungsort von Reitturnieren. Hervorzuheben sind insbesondere die »Burgspiele« einer Laienspielgruppe, die seit Jahren zahlreiche Zuschauer mit ihren Volksstücken oder Commedia-dell'Arte-Aufführungen begeistert.

"Castle Theatre" in Altleiningen

Being a borderland to France and a neighbour of the Rhine valley, the Leininger Land had a colourful past. The "Pfälzer Wald", the adjoining national park in the southwest and west, has always offered protection and relaxation. It is the largest continuous wooded area of Germany. The name "Leiningen" goes back to the village near the ancestral castle, today named *Altleiningen*, and also to the medieval name of the stream there ("Leinbach"). The castle, partly reconstructed again, is used as an international youth hostel as well as for show-jumping tournaments, festivities, and theatre performances. – The village swimmingpool is situated in the castle-moat.

Théâtre d'amateurs à Altleiningen

Pays frontière et riveraine de la vallée du Rhin, la région de Leiningen a connu, pour ces raisons, un passé mouvementé. Le parc naturel «Pfälzer Wald», région forestière la plus étendue de l'Allemagne, avoisinant le Leininger Land au sud-ouest et à l'ouest, offre en même temps abri et récréation. – Le nom «Leiningen» se relie à *Altleiningen*, village situé au pied du château de famille ainsi qu'au terme médiéval du ruisseau coulant dans la vallée («Leinbach»).
Le château partiellement reconstruit abrite une Auberge de la Jeunesse. Sa grande salle s'offre pour manifestations culturelles et fêtes, dans l'ancien fossé on a installé une piscine moderne. Dans la cour, le théâtre d'amateurs d'Altleiningen joue des comédies et aux environs du château ont lieu, depuis des années, des concours hippiques.

St. Jakob in Höningen

Von »Hagenehe« (mhd.), einem »dornichten Hage«, d. h. einer »Dornenhecke«, ist der Name des Walddörfchens und des einstmals vielgerühmten Klosters *Höningen* abgeleitet, das wie eine Heckenrose im verschwiegenen Waldtal blüht. In seiner bekanntesten Zeit entfaltete es sich gleich einer Edelrose und verwandelte sich vom geistlichen Stand klösterlicher Gotteslehre in die geistige Institution einer ab 1573 bestehenden »Lateinschule«, dem Ursprung des heutigen »Leininger Gymnasiums« in Grünstadt. Als Stätte klösterlichen Lebens und zur Ruhestätte des Leininger Geschlechts bestimmt, war das Kloster von Graf Emich II. und seiner Gemahlin Albrat 1120 gegründet worden, und trotz wechselvoller Geschichte hat diese Waldecke ihre stille Beschaulichkeit bewahrt. Bildete das Kloster im Mittelalter eine Stätte regen geistlichen Lebens und das Ziel frommer Wallfahrer, so pilgern heute vor allem die Freunde des Pfälzer Waldes hierher, wo sie sich – nach angestrengtem Marsch – in gepflegter Gastlichkeit erholen. Den geschichtsbewußten Besucher interessieren die Überreste des Augustiner-Chorherren-Klosters und die wehrhaft anmutende Umfriedung des Klosterbereichs mit sehenswertem, altehrwürdigem Hoftor, in dessen umarmendem Schutz es sich auch heute noch gut leben läßt. – Mehr noch bietet die alte Kapelle St. Jakob. Die gut erhaltene Kirche stammt aus dem 12. Jahrhundert, wurde verändert im 14. und 15. Jhdt., restauriert nach dem 30jährigen Krieg und mehrfach danach. Die Kirche muß einstmals vollständig ausgemalt gewesen sein. Im fast quadratischen Chor, mit romanischem Chorbogen, sind unterhalb der Flachdecke die 1930/31 freigelegten Malereien noch am besten erhalten. Als deren Entstehungszeit nimmt man das frühe 14. Jahrhundert an, ähnlich wie bei den Malereien in Laumersheim (vgl. S. 38). Sie gehören zu den künstlerisch und kunsthistorisch beachtenswertesten Schöpfungen in dieser Region.

Im westlichen Zipfel des Leininger Landes, wo das zuvor mehrfach verzweigte Tal endgültig zur Höhe des Schorlenberges ansteigt, liegt ein auch heute noch kleines, verträumtes Dorf: *Hertlingshausen*. Hier verließ die mittelalterliche Heerstraße, von Worms aus der Rheinebene kommend, sich im Schutze der Leininger Burgen durch das Tal windend das Leininger Land. Sie strebte – vorbei an der Eckbachquelle – über den Schorlenberg (dort schneidet heute die Autobahn die alte Linie) der Richtung Eselspforte (heute »Eselsführth«) und damit Kaiserslautern zu. In Alsenborn, Standort der von den Grafen von Leiningen zum Schutze vor räuberischen Überfällen befehligten »Geleitsreiter«, traf sich die auch für den Handel wichtige Verbindung mit der von Oppenheim über den Stumpfwald führenden Heer- und Handelsstraße. – In Hertlingshausen befand sich lange Zeit ein als Gegenstück und Filiale zum Konvent in Höningen etwa um 1160 gegründetes Kloster der Augustiner-Chorfrauen.

St. Jakob in Höningen

The monastery of *Höningen*, founded by the Counts of Leiningen in 1120 and also used as the family cemetery, gained great spiritual influence in the Middle Ages up to the Reformation. It is situated to the side of the castle in a quiet, wooded valley. The "Leininger Gymnasium", secondary grammar school of the former residency Grünstadt, goes back to a school founded at Höningen. St. Jakob's chapel of the 12th century, containing well preserved mural paintings of the early 14th century, is as interesting as the romantic ruins of the monastic buildings and the yard walls. There was also a convent of the same order (Augustinians) in the neighbouring village of *Hertlingshausen*. The village is a starting point for numerous hiking trails through the forest.

St. Jakob à Höningen

Dans un vallon transversal, boisé et écarté, les comtes de Leiningen fondèrent, en 1120, à *Höningen*, un monastère augustin qui servait de sépulcre comtal. Au moyen-âge, ce monastère exerça une grande influence spirituelle à laquelle mit fin la Réforme. On y a installé une école, prédécesseur du «Leininger Gymnasium» à Grünstadt.

Sauf les ruines pittoresques des bâtiments monastiques, Höningen s'orne de la chapelle St. Jakob du 12e s. dont l'intérieur contient des peintures murales bien conservées du début du 14e s.

À *Hertlingshausen*, petit village voisin, se trouva un monastère de religieuses du même ordre. Ici s'offre aux amateurs de promenades un grand nombre de sentiers bien marqués.

Landschaft um Carlsberg und Hertlingshausen

Der Wald ist hier das vorherrschende Element. Das gilt für das sich Anfang März ereignende »Eigschärrde« ebenso wie für das noch ein Stück tiefer im Wald gelegene Naturfreundehaus. Sowohl der Festbrauch, bei dem deftige Fleischkost nach Waldarbeiterart in die glühende Asche »eingescharrt« und gegart wird, als auch das Familien-, Ferien- und Wanderheim erfreuen sich immer größerer Beliebtheit. Erschließen sich doch überall auf gut ausgebauten und markierten Wanderwegen die herrlichen Laub- und Nadelwälder des Naturparks Pfälzer Wald. Zahlreiche Waldparkplätze bieten in der gesamten Landschaft Rundwanderwege für jeden. – Idyllisch wohnt man, so echt nach dem Herzen naturverbundener Individualisten, in einem Seitentälchen, das aus einem noch nicht ganz geklärten Grunde im Volksmund »Klein Frankreich« genannt wird. Vielleicht kommt es daher, weil die Leute dort, dem geläufigen Sprichwort folgend »wie Gott in Frankreich« lebten und sich wohlfühlten? Sicherlich ist das auch heute noch der Fall; denn der Zuzug wächst ständig.

Zwischen all den anderen, meistens schon aus fränkischer Zeit bekannten Orten des Leininger Landes, von denen die einen im Mittelalter vielfach beachtliche Rollen gespielt haben, die anderen erst in der Neuzeit zur Bedeutung kamen, nimmt sich die Gemeinde *Carlsberg*, früher »Matzenberg«, wie ein Frischling aus, wenn man diesen Vergleich weniger wegen der Herkunft, sondern wegen des munteren Wortklanges gebrauchen darf. Es ist das jüngste Dorf in dieser altehrwürdigen Versammlung – erst zu Beginn des 18. Jhdts. entstanden – und dann noch in ungewöhnlicher Weise. Kolonisten aus aller Herren Länder siedelten sich hier an, als die zugunsten industrieller Zwecke ihres Baumbestandes beraubten, kahlen Flächen gräflicherseits als Siedlungsland vergeben wurden. So entstanden lauter einzelne Häuschen, von Gartenland umgeben, mal da, mal dort, kurz das, was man in amtsdeutsch eine Streusiedlung nennt. Das macht, inmitten des stellenweise heideartigen Landschaftscharakters, den Reiz dieser Ansiedlung aus. Die buntgemischte Bevölkerung, die zudem vorwiegend »auf den Handel ging«, also »ambulantes Gewerbe« betrieb, gab einst Anlaß zum Raunen und Klatschen der Alteingesessenen. So mußten erst noch die beiden Weltkriege unseres Jahrhunderts mit ihrem Völkerumtrieb ins Land gehen, bis sich die Unterschiede zwischen Einheimischen und den Carlsberger Neulingen verwischten. Der Hang zur »Flucht in die Natur« bewog überdies viele, die zwar ihr Einkommen im industriellen Ballungsraum Mannheim-Ludwigshafen verdienen, sich hier anzusiedeln, zumal ihnen die Autobahn (A6/E12, über die Anschlußstelle Wattenheim) schnellste Verbindung zwischen Arbeits- und Wohnstätte bietet.

Landscape around Carlsberg and Hertlingshausen

The area at the start of the Eckbach valley, around "Klein Frankreich" (Little France), which is an idyllic side valley, and the *Carlsberg* region is an area for nature lovers and individualists. Wood, meadows, sand, and heath, much space and leisure are found here. Therefore many a person has fled from the industrial concentration of the Mannheim-Ludwigshafen area to this place and has remained there. However, those people seeking short rest and relaxation are attracted by this romantic landscape, too. It offers good opportunities for walking tours to everybody. This region can be reached easily and fast by using the autobahn (A 6/E 12), leaving it at Wattenheim.

Paysage aux alentours de Carlsberg et Hertlingshausen

Près de *Carlsberg*, où commence la vallée de l'Eckbach et où, dans un vallon latéral idyllique, sont disseminées les maisons pittoresques de «Klein Frankreich», les amateurs de nature trouveront des sites uniques. Ici s'étendent des forêts et des prairies, des sables et des landes invitent aux loisirs. Maint habitant de l'agglomération urbaine de Mannheim-Ludwigshafen s'est établi pour toujours dans cette région charmante.

Ceux aussi qui cherchent un séjour de détente et de récréation, seront ravis de la beauté des paysages et de la possibilité de faire de longues promenades et des excursions.

Quittant l'autoroute (A 6/E 12) à Wattenheim on gagnera cette région en peu de temps.

Kleinkarlbach

Am Taleingang, einstmals beschützt durch gleich zwei Burgen zu Häupten, liegt das Dörfchen *Kleinkarlbach*, ehemals »Karlebach an der Hecken« genannt – d. h. Dorf am Rande des großen (Pfälzer) Waldes. Das »Karlebach« weiter bachabwärts wurde zur besondern Unterscheidung später als »*Groß*karlbach« bezeichnet (vgl. Seite 36). Trotz der Schutzburgen wurde das Dorf 1640 im Pfälzischen Krieg, da es zu Leiningen-Hardenburg gehörte, von Kurfürst Friedrich I. niedergebrannt. Es bekam dem Dorf schlecht, daß sich die Altleininger Linie schon 1317 mit Leiningen-Hardenburg geeinigt hatte. – Die protestantische Kirche, eine gotische Anlage, mehrfach verändert, enthält 1971 entdeckte Wandmalereien aus der Erbauungszeit (14.–15. Jhdt.), die, wie Sachverständige neuerdings vermuten und belegen, bei der späteren Restaurierung verfälscht wurden (vgl. auch S. 60). – Heute ist der Ortsname eng mit dem Sitz einer weit bekannten Chemischen Fabrik verbunden, die Schädlingsbekämpfungsmittel herstellt, unverzichtbare Bundesgenossen der landwirtschaftlichen Erzeuger im heute leider unerläßlichen chemischen Krieg gegen Schädlinge.

1877 gab es in Kleinkarlbach noch 27 Mühlen mit Wasserradantrieb. Sie hatten sich in einer »Eckbach-Weiher-Gesellschaft« zusammengeschlossen. Nach und nach fielen sie jedoch wirtschaftlichen Konzentrationsbestrebungen zum Opfer. Die alte Mühlentradition macht aber noch heute ein Spaziergang entlang dem idyllischen und gepflegten Mühlpfad deutlich, welcher ein Beleg dafür ist, wie das Zusammengehörigkeitsgefühl einer Dorfgemeinschaft sichtbaren Ausdruck finden kann.

Der Ortskern wurde – wie in vielen rührigen Gemeinden des Leiniger Landes – renoviert und blickfangend ausgestattet. Mühlsteine werden zu Dekorationen, und Straßenkrümmungen bilden in ihren Buchten Inseln für Blumen, Sträucher und Rastplätze. Kleinkarlbach ist ein Beispiel dafür, wie sich die Gemeinden dieses Landstriches schmücken, sich selbst zur Ehre und den Gästen zur Freude. – Hier beginnt auch der Übergang von den Walddörfern zu den Weinbau treibenden Gemeinden der Unterhaardt und damit vollzieht sich der Schritt in die Ebene. Das Weindorf Kleinkarlbach ist Partnergemeinde von Partschins an der Südtiroler Weinstraße.

Die Burg *Battenberg*, südlich oberhalb Kleinkarlbachs, ist im Verhältnis zu Neuleiningen das Aschenputtel unter den beiden Schwesterburgen, die zwischen 1237 und 1241 zum Schutz der Talöffnung und der umliegenden Dörfer entstanden. Ort und Burg sind übrigens nicht zu verwechseln mit der nordhessischen Stadt Battenberg und dem dort ansässigen Fürstengeschlecht, dessen Abkömmling Ludwig (geb. 1854 in Graz, gest. 1921 in London) im Jahre 1917 mit Namen und Titel Lord Mountbatten die Peerswürde als Marquess of Milford Haven erhielt, ein Vorfahre von Prinz Philip, dem Gemahl von Königin Elizabeth II. von Großbritannien.

Kleinkarlbach

Kleinkarlbach, an old village of mills and vintners, lies at the end of the valley. Today it is well-known due to an internationally reputed chemical factory, producing mainly pesticides for the wine and fruit producers. – *Battenberg* and the ruins of Battenberg Castle lie on the hill south of Kleinkarlbach. The castle, built towards the middle of the 13th century, was destroyed in 1689. The village and castle must not be mistaken for the town of Battenberg in northern Hesse and the princes residing there: One of their descendants, Ludwig, received not only the name Lord Mountbatten but also the peerage of a Marquess of Milford Haven in London 1917.

Kleinkarlbach

À la sortie de la vallée de l'Eckbach est situé *Kleinkarlbach*, village de moulins et de viticulture. Une usine de réputation internationale fabrique des produits phyto-sanitaires. – Au sud, sur une colline, se dressent le village et les ruines du château de *Battenberg*. Le château fort érigé vers le milieu du 13e s. par les comtes de Leiningen fut détruit en 1689.

Il faut bien différencier entre le Battenberg palatine et la ville de Battenberg au nord de la Hesse, résidence de la famille princier dont le descendant, Louis, fut revêtu du titre de Lord Mountbatten et élevé à la dignité de pair en tant que Marquis of Milford Haven (à Londres en 1917).

Brauneisenstein-Röhren bei Battenberg

Bescheiden nahmen Dorf und Burg Battenberg ihre von gewichtigem historischen Einfluß weitgehend verschonte Rolle an. Sie konnten solchen Würden und Bürden umso leichter entsagen, als ihre Bewohner einen der grandiosesten Überblicke über die Rheinebene und – wenn die Witterung es ermöglicht – eine Fernsicht bis tief in den Odenwald genießen. Da steht man hoch über den Problemen des Alltags, kann leichter den Niederungen der Sorgen entfliehen. Dieser »Weitblick« ist sicher auch der Anreiz für diejenigen, die heute in wachsendem Maße ihre Heimstatt auf dieser luftigen Bergeshöhe errichten.

Das Dorf, bedeutend älter als die Burg, finden wir zum erstenmal in einer Urkunde des Klosters Lorsch vom Jahre 787 mit der Bezeichnung »Bettenberge«. Der Name soll auf einen Wallfahrtsort »Betberg« zurückzuführen sein. Im Mittelalter war auch die Bezeichnung »Pethinberc« gebräuchlich. Heutzutage rollen hier, am pfälzischen Austragungsort der "Seifenkistelrennen", immer am 1. Mai, die leicht-luftigen Rennwägelchen den Steilabfall zur Ebene hinunter, mitten durch einen Wald blühender und duftender Kirschbäume, der Berg und Hang verzaubert. – Als Bodenschatz konnte einst tiefgefärbter Ocker gewonnen werden, der in einer Farbwäscherei im Talgrund noch bis zum Ende des vorigen Jhdts. aufbereitet wurde. Für Mineralienfreunde ist Battenberg so etwas wie ein Geheimtip. Hier ist der Sandstein auf eine besondere Weise mit Brauneisenstein (Eisenoxid-Hydrat) vermischt. Dünne Lagen von Brauneisenstein durchziehen oft mehrfach hintereinander, meist wellenförmig, den Sand und bilden bizarre, röhrenförmige Gebilde, deren weicher Sandkern vielfach ausgespült ist, so daß Röhren unterschiedlicher Stärken zu sehen sind. Die Entstehung dieser für den Fachmann wie für den Laien gleichermaßen interessanten Gebilde ist umstritten. Sicher dürfte jedoch sein, daß es sich nicht um sogenannte »Blitzröhren« handelt, wie sie im Volksmund, wohl des umwitterten Wortklanges wegen, heute noch gerne genannt werden. Die echten Blitzröhren (Fulgurite), wie sie in der Lüneburger Heide, dem Münsterland und in der Sahara vorkommen, entstehen durch Zusammenschmelzung von Sandkörnchen beim Einschlag eines Blitzes in sandiges Gestein. Sie setzen sich inwendig aus geschmolzenen, emailartig wirkenden Quarzkörnchen zusammen und haben meist geringe Wandstärken. So bleibt, neben der ebenfalls nicht überzeugenden Meinung, die Röhren seien vulkanischen Ursprungs, nur die Erklärung, daß sie durch Wasser, welches bei seinem Laufe Eisenoxid aufgenommen hatte – eisenhaltiger Sand ist hier überall vorhanden – herausgebildet wurden. Mehr als alle Theorien erfreuen den Laien jedenfalls die mannigfaltigen Formen und Farben, die zuweilen, wo der Eisengehalt stärker ist, ins Violette übergehen. Die zutage liegenden Vorkommen sind schon so dezimiert, daß strenge Naturschutzbestimmungen ihre weitere »Abwanderung« verhindern sollen.

Brown-Iron-Ore Pipes near Battenberg

A mineral speciality is found near Battenberg. Here the sandstone is intermingled with brown iron ore (ferrous oxide) in a particular way so that in course of time bizarre, tubular structures have developed. Neither volcanic origin nor the popular belief that they were produced by strokes of lightning are accepted today. They are not like the fulgurites of the Lüneburger Heide, Münsterland or of the Sahara, as they don't have an inner vitrous enamel coat. Thus there remains only the surmise that they were created by streaming water. Examining the lightning tubes the viewer enjoys their shapes and colours.

Tubes de limonite à Battenberg

C'est près de Battenberg que l'on trouve, encore de nos jours, une particularité minérale. Ici le grès est entremêlé de limonite de sorte que se sont formés, au cours du temps, des tubes bizarres. Autrefois, on attribuait leur formation a des forces volcaniques. Cette hypothèse, ainsi que l'opinion populaire que les tubes doivent leur forme à la foudre, tels que les fulgurites que l'on trouve dans la région de Munster en Westphalie, la Lande de Lunebourg et les dunes du Sahara, se sont révelées insoutenables. Ces tubes ne montrent pas, à l'intérieur, une espèce d'émaillure qui caractérise les fulgurites. Ainsi l'on présume que leurs formes multicolores et variées proviennent de l'affouillement causé par les eaux.

Neuleiningen

Wer das Bergdorf Neuleiningen erblickt, ob von der Ebene oder aus dem Westen über die Autobahn kommend, ist ob des unerwarteten Anblicks immer wieder freudig überrascht. Aber auch der Einheimische kann es nicht lassen, seinen Blick häufig liebevoll auf diese romantische Idylle zu lenken. Die zahlreichen bildlichen Darstellungen sind wie eine immerwährende Liebeserklärung an dieses »Schönste Dorf der Weinstraße«. Dieser Titel wurde Neuleiningen, neben der Bezeichnung »Anerkannte Fremdenverkehrsgemeinde«, 1980 verliehen. – Auf einem Bergkegel eng aneinandergedrängt scharen sich die nunmehr überwiegend in angemessener Weise restaurierten Wohnstätten um die sie überragenden Burgreste und die Kirche, am Südhang noch fest umrahmt von der trutzigen Mauer und ihren Türmen. Nur vier Gassen durchziehen in Ost-West-Richtung den Ort, während die Querverbindungen von Treppen und Stiegen beherrscht werden, die den Einwohnern sozusagen ihr tägliches Maß an Trimm-dich-Aktionen vor der Haustür liefern. Die einstigen Burgsessen – Roß und Reiter – führten ihre Streitrosse ebenerdig von der Gasse in den Stall, der sich hangseitig schon als drittes Stockwerk darbot. Neben einem herrschaftlichen Ausblick hatten die Rosse also auch noch Gelegenheit, fröhlich über das Tal hinweg zu wiehern! So konnten sich Mensch und Tier geborgen fühlen und in geradezu romantischer Unterbringung von den Strapazen des Kampfgetümmels, an dem es damals wahrlich nicht mangelte, erholen. Auch heute bieten sich hier Touristen, die etwas Besonderes suchen, ungewöhnliche und interessante Unterkünfte bei guter Verpflegung. Ein Vergleich mit ähnlich gelegenen italienischen Bergdörfern drängt sich auf. Doch werden diese durch den Reiz mittelalterlichen Fachwerks und die insgesamt liebenswürdigere Bauweise unserer Gegend noch übertroffen. Fast könnte man in dieser trauten Umgebung, beim Blick in die gesegnete Landschaft und beim Glase funkelnden Weines vergessen, daß hier die Geschichte nicht nur Romantik, sondern auch Spuren harter Taten und blutiger Grausamkeiten hinterlassen hat.

Die Geschichte des Ortes und der Burg fallen zusammen. Der älteste Teil Neuleiningens ist die Burg, deren Anspruch und Ausstrahlung sich alles unterzuordnen hatte. 1238–1241 zugleich mit der gegenüberliegenden Schwesterburg Battenberg zum Schutze der Talöffnung erbaut, ist ihr Schicksal, und damit das des Ortes, vielfach glanzvoller und bedeutender als das der Battenburg. Die von 4 Türmen – vermutlich nach dem Vorbild orientalischer und burgundischer Wehrbauten – umrahmte Burg Neuleiningen beansprucht deshalb eine Sonderstellung unter den mittelalterlichen Burgen der Pfalz. Noch heute kann man erkennen, welche Kraft dieses unregelmäßige Viereck ausgestrahlt hat, und man versteht, warum diese Burg von jeher als eine der stärksten Festungen der Gegend galt.

Neuleiningen

The hill village *Neuleiningen* proudly bears the title of "the most beautiful village of the Weinstraße". Here the houses, a great number having been restored in an exemplary way, are pressed closely round the church and the castle. Some were built right to the edge of the hill, the majority of the houses are closely bordered by walls and towers. Only four lanes cross the village from east to west, stairs forming the cross connections. The castle, fortified by four towers, was presumably built after an oriental example between 1238 and 1241. It had the reputation of being one of the strongest fortresses of this region. The castle, to which everybody and everything had to submit, and the village had a common ancient history.

Neuleiningen

Etagé sur un versant excarpé *Neuleiningen* est fier d'être choisi «le plus beau village de la Route des Vins». Les maisons dont la plupart sont restaurées soigneusement se serrent contre l'eglise et le château et s'aventurent jusqu'à l'escarpement, où un mur d'enceinte, bien conservé et fortifié de tours, les abrite. Ce ne sont que quatres ruelles qui traversent le village de l'est à l'ouest tandis que la montée se fait par des escaliers. La construction du château, flanqué de quatre tours et érigé de 1238 à 1241, laisse supposer des influences orientales. Il passa pour la plus solide forteresse de la règion. Le village et le château, dominant tout, sont de même origine historique.

Dorfstraße in Neuleiningen

Trotzdem konnte die gescheite Gräfin Eva von Neuleiningen, neben dem Bischof von Worms Mitbesitzerin der Burg, soweit uns überliefert ist, im Bauernaufstand 1525 nur durch eine List die Burg vor der Zerstörung retten: Sie lud die aus Dirmstein heranziehenden Bauernscharen zu Speis' und Trank ein und sicherte so ihren friedlichen Abzug, was den Heimatdichter Paul Münch zu der Feststellung veranlaßte,

»daß mer im ganze Pälzer Lann
kee so e bravi Fraa meh han!«

Die Burg Neuleiningen steht aber auch als Beispiel für die allen Herrscherhäusern und Familien widerfahrende Aufspaltung in neue Linien und Zweige und damit auch der Herrschaftsräume und Besitztümer. Um 1180 hatte die Einheirat Lucardes, der Schwester des kinderlosen Minnesängers, in das Geschlecht der Grafen von Saarbrücken noch eine ungeteilte Fortführung der Familie mit dem Hause Saarbrücken ermöglicht. Die Burg Neuleiningen dagegen wurde, wenn auch der Schutz des Tales vorrangig gewesen sein mag, zu einem Zeitpunkt gegründet, in dem auch die erste Familienteilung zwischen Friedrich III. und Emich IV. in die Linien Leiningen (Saarbrücker Herkunft) und Leiningen-Landeck stattfand, so daß ein neues Besitztum erwünscht schien (Urkunde vom 19. Oktober 1237). Zwar blieben noch alle Güter zusammen und nur die Nutzungen wurden geteilt, aber schon zwei Generationen später (1317/18) zerriß die folgenschwere Teilung zwischen Friedrich V. und Jofried sowie die Neugründung der Linie Leiningen-Hardenburg auch die Vermögensmassen, die Eigen- und Lehensgüter und sämtliche sonstigen Berechtigungen. Dies führte zu einer erheblichen Schwächung der Einkünfte der Grafen von Altleiningen, obwohl sie nunmehr aufgrund ihrer Besitzungen im Elsaß, auch die Bezeichnung Altleiningen-Dagsburg führten.

Erst durch Landgraf Hesso (1430/35–67), besserte sich wieder die Lage. Waren die Grafen von Leiningen auch schon von alters her »semperfrei», d. h. von jedem zu leistendem Dienste befreit, so war mit der Erhebung Hessos in den Fürstenstand die Gerichtsbarkeit über alle seine Untertanen verbunden, während er – und sein gesamtes Geschlecht – allein dem kaiserlichen Hofgericht unterstellt war. Seiner großen Verdienste wegen nannte man ihn auch »Leiningens letzten Ritter«. In den harten, z. T. kriegerischen Auseinandersetzungen um Hessos Erbe, besetzte dann Graf Emich VIII. sofort das »sloss mit dem stettlin«, jedoch ohne dauernden Erfolg. Der Streit endete damit, daß die Kurpfalz die Hälfte von Hessos Besitz erhielt, darunter auch Burg und Stadt Neuleiningen. Der Rest wurde unter Emich zu Leiningen-Hardenburg und Margaretha von Westerburg, der Schwester Hessos, aufgeteilt.

Village Street in Neuleiningen

In spite of the strength of the castle only a wile of the Countess Eva – according to legend – prevented it from being destroyed during the peasants' revolt in 1525: She invited the peasants to meat and drink, so that they peacefully marched off after the meal. In 1690, however, the destruction of the castle could not be avoided. The family of the Counts of Leiningen split up into many lines in the time following. The lines Leiningen-Dagsburg with possessions in Alsace, Leiningen-Hardenburg near Bad Dürkheim, and Leiningen-Westerburg are the most famous of all, the latter ruling the "Leininger Land" from 1467 until the loss of power in 1793.

Ruelle à Neuleiningen

Malgré sa solidité le château ne put échapper à la destruction, pendant la guerre des paysans, en 1525, que par une ruse de la comtesse Eva: elle régala les paysans d'un repas copieux et de bons vins si bien qu'ils finirent par s'en aller tout paisiblement. Personne ne pouvait empêcher, cependant, la destruction en 1690. – Au temps suivant, la famille de Leiningen se divisait en plusieurs branches. Les plus connues en sont les lignes de Leiningen-Dagsbourg avec des domaines en Alsace, de Leiningen-Hardenburg, dont le château en ruine se trouve près de Bad-Dürkheim, et de Leiningen-Westerburg au Westerwald. La dernière règna le Leininger Land pendant trois centaines d'années, de 1467 à 1793, jusqu'à la perte de son pouvoir.

Friedhofskapelle und Scharfrichterkreuz in Neuleiningen

Die meisten Orte des Leininger Landes, einschließlich Grünstadt, erhielt Margaretha; sie wurden somit der Linie zugeteilt, die von da an bis zum Ende der Herrschaft der Leininger Grafen – also über 300 Jahre – in dieser Region die Regenten stellte. Nach der Vertreibung und Enteignung der Grafen zu Leiningen im Anschluß an die Französische Revolution und unter der französischen Verwaltung wurden diese durch den Reichsdeputationhauptschluß von 1803 mit Landzuweisungen im Gebiet der Wetterau, bei Friedberg in Hessen, entschädigt. –
Die ursprüngliche Grafenkapelle St. Nikolaus – heute noch das Schiff der gleichnamigen Kirche – wurde mit der Burg erbaut. Um 1500, anläßlich der Erhebung zur Pfarrei wurde das Gotteshaus um Turm und Chor mit spätgotischem Netzgewölbe erweitert. Das Hauptfest ist hier Mariä-Geburt mit einer jährlichen Wallfahrt.

1354 werden die Stadtrechte Neuleiningens erstmals bezeugt. Im 30jährigen Krieg wütete – wie allerorts – auch hier die Pest. Einquartierungen waren eine ständige Plage. 1690 werden Burg und Stadt von französischen Truppen zerstört, wenig später aber wiederaufgebaut. – Heute ist Neuleiningen verwaltungsmäßig der Verbandsgemeinde Grünstadt-Land angeschlossen. Wie sehr dieser Ort versucht, seinen geschichtlich gewachsenen und geformten Bau-Charakter zu wahren, bezeugt die 1982 vom Gemeinderat erlassene Satzung »über die Gestaltung und den Schutz des historischen Ortskerns«, nunmehr gültig in Verbindung mit einer Rechtsverordnung des Landkreises von 1983 »zur Unterschutzstellung einer Denkmalzone in der Gemarkung Neuleiningen«. Hier wird mit juristischen Mitteln zusätzlich versucht, etwas zu erhalten, das allen hier Beheimateten als ein wesentlicher Teil ihres Geschichts- und Heimatgefühls zu eigen ist. Gesichert werden soll der noch vorhandene Bestand, der unser Herkunfts- und Heimatbewußtsein nährt und fördert. Einer solchen Verwurzelung, aus der Halt und Geborgenheit erwachsen können, bedarf es in einer Schicksalslandschaft, in der die geschichtlichen Ereignisse in so fürchterlich gedrängter und bedrängender Weise über die Menschen hinwegfluteten.

Da aber auch eine in das Korsett einer »Denkmalzone« gepreßte Gemeinde weiterleben, sich weiterentwickeln will und muß und die Gegenwart die ihr entsprechende »Lebensqualität« beansprucht, wurden – mit stärkeren Geburtswehen als anderswo – auch neue Bebauungsgebiete erschlossen. Das »ganz neue Neuleiningen« erstreckt sich auf dem Bergrücken nach Westen, zwar den Schutz der Mauern verlassend, jedoch den Blick in die Ebene voll genießend. Nunmehr wurde auch ein »3-Burgen-Wanderweg« eröffnet, der in einem Wanderprogramm die Leininger Burgdreifaltigkeit »Battenberg, Alt- und Neuleiningen« vereint.

Cemetery Chapel and Executioner's Cross in Neuleiningen

The nave of the Catholic church St. Nikolaus was built as the Counts' chapel together with the castle. At about 1500 a tower and a choir were added to the church, the latter with a late Gothic net vault. The building authorities try to maintain the medieval townscape by applying strict building regulations. It goes without saying that the interests of the present generation are at cross purposes with the will and necessity of preservation. After all, today the village and its population live independently of the counts and the castle. – A three-castle-foot-path leads also to Battenberg and to the ancestral seat at Altleiningen.

Chapelle de cimetière et croix du bourreau à Neuleiningen

Le nef de l'église St. Nikolaus fut construit en tant que chapelle du château. Vers l'an 1500, on ajouta le clocher et le chœur à voute réticulée. –
De nos jours on s'attache à préserver la physionomie médiévale du village par des règlementations sévères. Il va sans dire que bien souvent les efforts de conservation sont contraires aux besoins sociaux de la génération actuelle, qui est loin de l'époque féodale. – On vient d'amenager un sentier, dit «3-Burgen-Wanderweg», menant de Neuleiningen à Battenberg et se terminant à Altleiningen.

Blick in die Rheinebene bei Neuleiningen

Dem heutigen Beschauer bietet sich bei guter Sicht im wesentlichen das gleiche Bild wie schon vor 1000 Jahren, wenn er den Blick von den Haardthöhen in die Rheinebene schweifen läßt. Denkt man sich die Schlote mit ihren Rauchfahnen, das anschmiegsame Band der von West nach Ost in die Niederung führenden Autobahn und das ferne Häusergewimmel des Industriezentrums Mannheim/Ludwigshafen hinweg, dann schaut man – wie einstmals der Graf von Leiningen – über eine blühende Ebene gesegneten Landes. Sie wird im Osten begrenzt durch die dunklen Höhen des Odenwaldes, in der Mitte längs durchschnitten vom stellenweise aufglitzernden Band des Rheines, der damals zur gräflichen Zeit, noch unreguliert, mit seinen Nebenarmen eine größere Fläche als heute beanspruchte. Weithin sind die Felder bestellt und von den Berghängen erstrecken sich die Weinberge bis tief in die Ebene hinein. Schutz benötigte dieser Reichtum ebenso wie das Tal, das den Stammsitz des Geschlechtes barg.
Im Osten erheben sich, mal sonnenbeschienen, mal als dunkle schattige Masse, die Türme des Domes zu Worms (erbaut im Jahre 1000), während in südöstlicher Richtung sich die Umrisse des Kaiserdomes zu Speyer (Grundsteinlegung am 12. Juli 1030 zusammen mit der Limburg bei Bad Dürkheim) abzeichnen.
Das Rheintal, geologisch-erdgeschichtlich ein Urstromtal, bedeutet historisch hier: sagenhaftes Land der Nibelungen (wenn auch nur kurz), Herrschaftssitz salischer und staufischer Kaiser und endlos umstrittene Westgrenze Deutschlands. In Blickrichtung, an der Neckarmündung, im Bereich der heutigen Autobahnbrücke, überquerte Attila 450 auf zwei Brücken mit angeblich 500000 Mann den Rhein und verheerte das Land. Das wiederholte sich bei seinem Rückzug ein Jahr später, nachdem er auf den Katalaunischen Feldern von den Römern unter Flavius und den Westgoten unter Theoderich in einer mörderischen Schlacht vernichtend geschlagen worden war. Diesen Weg herauf kamen auch 1525 von Dirmstein aus die Bauern gezogen, um Neuleiningen zu stürmen. Schicksalsträchtiger Boden bis zum heutigen Tag. Seit 100 Jahren dicht besiedelte Industrielandschaft, in der die mächtigen Dome zwar immer noch imposante Erhebungen, wenn auch nicht mehr die einzigen und wesentlichen Dominanten der Landschaft sind. Dicht besiedelt auch das Eckbachtal im Vordergrund, dessen nahe beieinanderliegende Dörfer wir als nächstes kennenlernen werden.
Das sommerliche Flimmern in der Luft läßt das hektische Leben im Industriezentrum erahnen. In der Nacht jedoch verkündet die gesamte Ebene als funkelndes Diamantband triumphierend den technischen Fortschritt. Wie ein breiter, glänzender Strom ergießen sich die Lichter zwischen den Gebirgen dahin, ein verführerischer und bezaubernder Anblick, der über manche Wunden, die die Technik schlug und schlägt, ein wenig hinwegtröstet.

View over the Rhine Valley near Neuleiningen

In the east the view over the Rhine valley from the height of the castle is limited by the dark slopes of the Odenwald. In the middle of the Rhine valley, where the course of the river can only be distinguished vaguely, there is an overcrowded area, whose predominant industrial character is plainly visible. At its northeastern edge the huge Worms Cathedral is clearly contrasted against the background. In the south, far away in the distance, the cathedral and towers of Speyer can be seen only as a silhouette. This is a river valley full of destiny, which at night time adorns itself with a wide stream of brilliant lights like a ribbon with sparkling diamonds.

Vue dans la plaine du Rhin

Du haut du château s'offre un panorama magnifique sur la plaine du Rhin. Au fond, vers l'est, se détachent les pentes sombres de l'Odenwald. Au milieu de la vallée, où on distingue à peine le cours du fleuve, se présente une agglomération urbaine aux traits surtout industriels. L'édifice majestueux de la cathedrale de Worms se dresse au bord nord-est tandis qu'au sud-est se profilent les fines silhouettes de la cathédrale et des tours de Spire. – La vallée qui a vécu bien des bouleversements historiques se pare, la nuit, d'un cordon de lumières luisantes comme d'un collier brillant.

Kirchheim an der Weinstraße

In *Kirchheim* wurde 1880 beim Bau des Güterschuppens ein Skelett im Hockergrab aus der jüngeren Steinzeit (6000–2000 vor Chr.) gefunden. Funde aus der La-Tène-Zeit (500 vor Chr. bis Zeitenwende) und die Aufdeckung römischer und fränkischer Gräber schlossen sich an. Eine Lorscher Urkunde berichtet 764 von Kirchheim. Adelige Herren hatten hier ihre Güter, ebenso wie die berühmten Orden der Templer und der Johanniter von Rhodos. Sie besaßen hier eine Niederlassung, »vom See« genannt, die urkundlich 1283 und 1292 in Erscheinung trat und bis zur französischen Revolution im Eigentum des Johanniterordens stand.
Unter den ehemaligen Bürgern Kirchheims ragt der Name des Leininger Forstmeisters und Oberschultheißen Paul de Savigny besonders hervor, der wesentlichen Anteil an der Entwicklung des 1690 zerstörten Ortes Kirchheim hatte. Sein Sohn Johann Ludwig de Savigny wurde mitentscheidend für dessen Wiederaufbau; als deutscher Minister hat er maßgeblich bei den Friedensverhandlungen 1697 in Ryswijk mitgewirkt. Aus dieser angesehenen Familie, für die Kirchheim ein Jahrhundert lang Wohnsitz und Heimat war, ging Dr. Friedrich Karl von Savigny, Prof. der Rechte an der Universität Berlin, königlich preußischer Staats- und Justizminister und Präsident des Staatsrates von 1848 hervor. Seine Gemahlin war die Schwester des Dichters Clemens von Brentano und der Dichterin Bettina von Arnim.
Aber Kirchheim muß nicht nur von seiner Vergangenheit leben: mit beinahe 1600 Einwohnern und über 50 Weinbaubetrieben ist Kirchheim eine aufstrebende Gemeinde und mit der beträchtlichen Anbaufläche von 25% Portugieserreben nach wie vor bestrebt, den Begriff »Kirchheimer Rotwein« lebendig zu erhalten. Dies findet seinen fröhlichen Ausdruck im Rebblütenfest in der ersten Hälfte des Juni. Der Kirchheimer Markt am ersten Juli-Wochenende eröffnet den Kerwe-Reigen dieser Landschaft.
Der Name Kirchheim, ehemals »Kyrchheim«, »Cirichheim«, ist vermutlich darauf zurückzuführen, daß hier am Kreuzungspunkt alter Handelsstraßen (Basel – Straßburg – Dürkheim – Steinerne Brücke über den Eckbach beim Kreuzerweg – Alzey – Bingen – Rotterdam einerseits und Paris – Metz – Neuleiningen – Worms andererseits) eine der ersten Kirchen der Gegend stand. Die jetzige, spätgotische Kirche ist protestantisch. Mit ihrem 1701 dazugebauten Turm und dem nachträglich aufgesetzten hohen, geschweiften Helm mit Laterne erstrahlt sie nun in den 80er Jahren unseres Jahrhunderts wieder in neuem Glanz. Im Inneren birgt sie, neben dem spätgotischen Altar von 1524 mit den Altarfiguren der St. Anna und Maria, ein von Kunsthistorikern hoch geschätztes Sakramentshäuschen von 1520. – Eine neue katholische Kirche hat Kirchheim 1928 erhalten.

Kirchheim on the Weinstraße

One of the few testimonies of the Stone Age (6000–2000 B.C.), a skeleton, was found in *Kirchheim*. The well-known Order of the Temple and the Order of St. John of Rhodos had had a settlement here up to the French Revolution. Johann Ludwig de Savigny, who took part in the peace negotiations of Ryswijk as a German minister, was one of the most famous residents of Kirchheim. One of his descendants was the brother-in-law of the poetess Bettina von Arnim, the sister of Clemens von Brentano. – The "Kirchheim Red Wine" is well-known and select. – A tabernacle, highly valued by art historians, can be seen in the Protestant church with its attractive spire.

Kirchheim sur la route allemande du Vin

À *Kirchheim* on a trouvé un squelette humain, un des très rares témoins de l'âge de la pierre (6000 à 2000 avant J.-C.).
Ici, les ordres bien connus du Temple et de Saint-Jean (ordre de Malte) soutenaient des dépendances jusqu'à la Revolution française. – Parmi les citoyens les plus célèbres compte le ministre allemand, Johann Ludwig de Savigny, qui participa aux négociations des traités de Ryswick. Un de ses descendants etait le beau-frère de la femme de lettres Bettina von Arnim, sœur du poète Clemens von Brentano. – Le «Kirchheimer Rotwein» est un vin réputé et soigné.
À l'intérieur de l'église protestante dont le clocher s'orne d'une pittoresque flèche se trouve un tabernacle fort apprécié des historiens d'art.

»Stabaus« und Winterverbrennung

Man kann die buntgeschmückten »Stecken« der Kinder zunächst einmal ganz einfach als Ruten und Stöcke ansehen, mit denen der Winter aus dem Lande getrieben werden soll. Damit entspräche der Stabausstecken einer einfachen Waffe. Buntgeschmückt ist jeder Stab, weil man die Eintönigkeit des Winters gegen die bunte, blütenträchtige Zeit des Frühlings und Sommers vertauschen will, weil Buntheit einfach den Gegensatz zur Farblosigkeit des Winters darstellt.
Der im wesentlichen im Leininger Land verbreitete Brauch des *»Stabaus«*, der Sommertagszüge und Winterverbrennung hat eine tiefe, naturbezogene Bedeutung. Dem Begriff Stabaus liegen rechtliche Ausdrucksformen zugrunde. Ist doch der Stab im römischen (baculus, lignum, fasces), wie auch im germanischen Kulturdenken (ruthe, stecken), ein uralt-gebräuchliches Zeichen der Macht. Wer den Stab hält und trägt, übt Gewalt aus; wer ihn hingibt, wegwirft, bricht, läßt seine Gewalt fahren. Andererseits gab es auch den Begriff des »Stäupens«, d. h. »jemanden mit Ruten auspeitschen«. Nach mittelalterlichem Recht wurde ein des Landes Verwiesener mit dem »Staupbesen« vom Henker fortgetrieben, hinausgepeitscht. Da wurde der Befehl, sich davon zu machen, zum »Staupaus«, »Stabaus«, so wie es auch den »Kehraus«, den »Reißaus« oder gar den »Saufaus« gibt. Wie man auch die Herkunft des Wortes deuten mag, eines bleibt: Der Winter soll mit dem Stecken in der Hand gezwungen werden, seine Herrschaft abzugeben. Weitere Ausschmückungen des Steckens mit Brezeln und Obst sind reizvolle örtliche Unterscheidungen von untergeordneter, symbolischer Bedeutung, jedoch von unwiderstehlichem Reiz für die damit ausgestattete, fröhliche Kinderschar. Erreichen doch viele Äpfel und Brezeln entweder gar nicht oder nur »angebissen« das Ziel des Zuges, nämlich die Winterverbrennung. Bei diesem ebenfalls hier weit verbreiteten Brauch ist der Symbolcharakter eindeutig. Ein den Winter darstellender Strohmann, heute vielfach in Form eines Schneemanns, wird vor seinem feurigen Ende durch den Ort geschleift, gezerrt, gefahren und zuletzt, unter dem Jubel der Zuschauer, verbrannt. Schon das Sammeln und Binden des Strohs im Vorfeld des Verfahrens ist vielfach ein eigener Teil des Frühlingsfestes; das Hinausschleifen des Strohmannes zur Verbrennungsstätte mit Musik, Gesang und auch feuchtfröhlicher Stärkung unterwegs ist der andere, ausgiebigere Teil. Daß das Ereignis dann noch gehörig nachgefeiert werden muß, wie jeder Sieg, versteht sich von selbst. Daneben oder mit der Winterverbrennung gekoppelt finden vielfach im Leininger Land, vorwiegend am Sonntag Lätare, »Sommertagszüge« statt – mit bunten Festwagen, meistens die Jahreszeiten symbolisierend, und unter entsprechender Beteiligung der Jugend. Vor allem von den Kindern wird ja die warme Jahreszeit, mit der Möglichkeit sich draußen im Freien aufzuhalten, ungeduldig erwartet.

"Stabaus" and Burning out Winter

According to a spring custom, spread throughout the Leininger Land, the children chase winter away with colourfully decorated sticks, a pretzel adorning the top. They sing to welcome the warm season and often follow a straw doll, symbolizing winter, which is dragged through the village to be burnt. This custom is called "Stabaus", because on the one hand, the wand (Stab), the legal symbol, is used, and on the other hand it is named "Stabaus" in imitation of the medieval punishment of the expulsion from the country. In other places or together with the burning of winter "Sommertagszüge" (summer's day processions) take place. These are processions with music, singing, and colourful floats, in most cases representing the seasons.

Stabaus: l'hiver est brulé

Au Leininger Land il y a une charmante coutume de printemps: les enfants, munis de bâtons qui sont garnis de rubans multicolores et couronnés d'un grand bretzel, cherchent à chasser l'hiver hors du pays et, en chantant des airs printaniers, à attirer la belle saison. Quelquefois ils accompagnent une poupée de paille représentant l'hiver qui, après être traîné par les rues, finit sur le bûcher. – Le terme «Stabaus» dérive du symbole juridique du bâton et du banissement médiéval.
Une coutume pareille sont les cortèges de printemps, les «Sommertagszüge», aux chars décorés représentant avant tout les quatre saisons, eux aussi accompagnés de chants et de musique.

FEUERWEHR
22

Weindorf Bissersheim

Von Kirchheim, das Eckbachtal abwärts, gelangt man nach *Bissersheim*. Zwischen den Bodenwellen, die hier nur noch ein Bindeglied zwischen der Rheinebene und dem Haardtgebirge darstellen, verbirgt sich Bissersheim im Talgrund. Wenn man auf dem breiten Rücken der südlichen Anhöhe steht, weist nur der Helm des Kirchturms, der gerade noch spitz aus dem Tal lugt, darauf hin, daß hier ein Dorf liegt. Der Blick fängt sich an dem nordwärts gelegenen Hang, dessen ganze Südseite mit Weinbergen bedeckt ist. Östlich verliert sich das Auge in der Ebene in Richtung Laumersheim–Dirmstein.
Ringsum ist alles fruchtbares, bebautes Land. Zwischen den Getreide-, Rüben- oder Kartoffelfeldern liegen immer wieder Weinberge. Ist in Bissersheim doch, mit 126 Hektar, etwa die Hälfte der Gemarkung mit Wein bepflanzt. In den vorzüglichen Lagen wie »Orlenberg«, »Goldberg«, »Steig« und »Held« gedeihen etwa 30% Müller-Thurgau- und 30% Portugieserreben.
Bissersheim gehört, wie die anderen weinbautreibenden Gemeinden des Leininger Landes, zur Weinlandschaft der »Unterhaardt«, dem schon geschilderten nördlichen Teil des gesamten Weinlandes »Rheinpfalz«. In diesem Anbaugebiet, in dem man noch vor Jahren überwiegend Rotweinanbau betrieb, hat neuerdings – wie auch anderwärts – der Qualitäts-Weißwein seinen Siegeszug angetreten. In verstärktem Maße haben sich auch hier die Winzer auf den Ausbau flaschenreifer Weine konzentriert, die vielfach schon zu den Spitzenerzeugnissen gehören. –
Im 15. Jahrhundert werden »Edle von Bissersheim« beurkundet; späterhin gehört das Dorf zu Leiningen-Westerburg. – So bunt wie die Geschichte ist auch das Schicksal der etwa im 13. Jahrhundert erbauten, heute nicht mehr vorhandenen Burg »Bisisheim«, die 1391 von der Gräfin von Sponheim als Markgräfin von Baden an die Kurpfalz abgetreten wurde. Später leiningisch, wurde die Burg in der Fehde Leiningen–Veldenz am 29. September 1460 von Kurfürst Friedrich I. geschleift, an Leiningen zurückgegeben, wieder aufgebaut, 1467 an die Kurpfalz abgetreten, 3 Jahre danach zerstört und von Leiningen-Westerburg 1505 zurückgekauft. Im Jahre 1764 erbauten sich die Leininger dort noch einmal ein großes Jagdhaus mit Stallungen und Ökonomiegebäuden. Doch auch dies hatte nur bis zum Ausgang des 18. Jahrhunderts Bestand.
Die früheste Erwähnung des Ortsnamens findet sich in einer Urkunde aus dem Jahre 774 über Besitzungen des Klosters Münsterdreisen in Bissersheim. Die 1744–55 erbaute Kirche bestand ursprünglich nur aus einem Wehrturm aus der 1. Hälfte des 13. Jhdts., der Zeit, als der Dom in Worms seine heutige Gestalt annahm. 1350 wurde dann die Kapelle an den Turm angebaut. Im 18. Jhdt. war dieses Gotteshaus so baufällig, daß es abgerissen werden mußte. An seiner Stelle wurde die heutige Kirche errichtet, die der Hl. Magdalena geweiht ist.

Wine-Growing Village Bissersheim

Bissersheim, whose bounds are half covered with vineyards, lies between two hills, which are the “start of the Haardt”. It is part of the wine-growing region of the Unterhaardt, the northernmost part of the wine-producing country “Rheinpfalz”. Nowadays the vintage white wine has become generally accepted here, where in former years mainly red wine was grown. The Countess of Sponheim as Margravine of Baden had a castle here, the Counts of Leiningen built a hunting lodge. Both buildings no longer exist. The peel tower of the church dates back to the time when the huge cathedral was built in Worms.

Lieu viticole de Bissersheim

Entre deux ondulations du terrain formé par les contreforts du Haardt est blotti *Bissersheim*. La moitié de son territoire communal, couvert de vignes, fait partie de la région viticole du Palatinat rhénan, du «Rheinpfalz». Parmi les crus réputés comptent «Orleberg», «Goldberg», «Steig» et «Held». La plupart des cépages noirs d’autrefois ont été remplacés par des cépages blancs donnant des vins de haute qualité.
Ni du château que posséda ici la comtesse de Sponheim en tant que Markgräfin von Baden ni du pavillon de chasse que firent construire le comtes de Leiningen ne restent des vestiges. – La tour fortifié de l’église protestante date du même temps que fut construite la cathédrale de Worms.

Großkarlbach, Kanzel in der katholischen Kirche

Der ebenfalls schon 760 und 763 mit Gütern der Klöster Lorsch und Weißenburg erwähnte Ort »Karlebach«, dessen Name auf »Karle« = »Freie« zurückgeführt wird, war im Mittelalter befestigt. Zahlreiche oft liebevoll restaurierte Häuser mit interessanten Toreinfassungen und Fachwerken bilden den Hintergrund für die werbewirksame Bezeichnung »Das schöne Weindorf«. 1309 leiningisch, kam *Großkarlbach* mit entsprechenden Verträgen von 1467 und 1481 zur Kurpfalz.
Die protestantische Kirche hat noch einen frühgotischen Turm aus dem 13. Jahrhundert. Die katholische Kirche St. Jakobus, die um 1740 als Nachfolgerin der im verschwundenen Dorf »Haselbach« oder »Berghaselbach« auf dem Palmberg gelegenen Mutterkirche der Gemeinden Großkarlbach und Laumersheim erbaut wurde, ist mit Altar, Taufstein und Kanzel aus dem ehemaligen Frauenkloster Mariamünster von Worms kunstvoll ausgestattet. Besonders hervorzuheben ist hierbei die 1596 geschaffene, mit bemalten Reliefs geschmückte Sandsteinkanzel, ein kunstgeschichtlich bedeutsames Werk. Auf einem Pfeilerbündel ruht ein polygoner Korpus. Die reizvoll-farbigen, etwas derben Reliefs stellen dar: St. Paulus (links), St. Margareta als Drachentöterin, neben ihr Abtstab und Wappen des Klosters Mariamünster nebst Inschriftenkartusche (Mitte), einen Engel, der ein Schild mit Marienmonogramm trägt, und eine Rollwerkkartusche mit Inschrift (rechts), sowie Maria mit Kind und Hl. Bernhard. Die Farben sind noch gut erhalten.
Eine Rarität anderer Art wurde 1840 in Großkarlbach gefunden: Eine uralte Flasche, die etwa 1800 Jahre alten Wein enthielt. Sie wird heute im Pfälzischen Museum in Speyer aufbewahrt. – Der Bachlauf förderte überdies auch hier eine blühende Mühlenwirtschaft. Schon im Mittelalter waren auf einer Strecke von 2 Kilometern 6 Mühlen verteilt. Neben den üblichen Getreidemühlen gab es Ölmühlen, die aus Raps Speiseöl, das sogenannte »Olig« gewannen, aber auch Brennstoff für die damalige Beleuchtung herstellten. In der Walkmühle wurden durch Verfestigung Stoffe aus Flachs, Hanf und Schafwolle gewonnen, während die Schleifmühle dem schneidenden Werkzeug und den Waffen den nötigen Schliff beibrachte. Später gesellte sich noch eine Papiermühle hinzu. Heute ist nur noch die »Pappelmühle« als Getreidemühle in Betrieb.
Aus dem Sonderwettbewerb »Deutsche Weinstraße«, ging die rührige Gemeinde Großkarlbach wegen ihrer Initiativen in der Wein- und Fremdenwerbung als Sieger hervor. Originelle Ideen, unter anderem ein eigenes Weinwanderwegenetz mit Rastplätzen und Blockhütte, Weingutscheine für ein preiswertes Festweinsortiment und viele weitere Überraschungen bilden entsprechende Anreize für den Fremdenverkehr. Bekannte Lagen sind: »Osterberg«, »Schwarzerde« und »Burgweg«.

Grosskarlbach, Pulpit in the Catholic Church

The small village church is furnished with the altar, baptismal font, and pulpit of the former convent Mariamünster in Worms, the latter being made of sandstone, decorated with coloured and rather crude reliefs. Among other things St. Margaretha is shown as a dragon slayer. – In the last century a bottle was found, containing a wine which is now about 1800 years old. It can be admired in the "Historisches Museum" in Speyer. The neat wine village *Grosskarlbach*, which won the special competition "Deutsche Weinstrasse", offers its visitors a network of wine foot-paths, picnic-areas, and vouchers for a reasonable offer of a variety of wines.

Chaire dans l'église de Grosskarlbach

La petite église de village de *Grosskarlbach* se pare d'un autel, des fonts baptismaux et d'une chaire provenant de l'ancien couvent de «Mariamünster» à Worms. La chaire est sculptée en grès et ornée de reliefs colorés un peu grossiers représentant, parmi autres, St. Marguerite tuant un dragon. – Ce village viticole bien soigné, sorti vainqueur du concours spécial «Deutsche Weinstrasse», offre aux visiteurs un réseau de sentiers, amenagés d'étapes, à travers le vignoble et des bons permettant l'achat d'un assortiment de vin à bon marché.
Au siècle dernier on trouva à Grosskarlbach une bouteille contenant un vin âgé de 1800 ans environ que l'on peut admirer au musée historique à Spire.

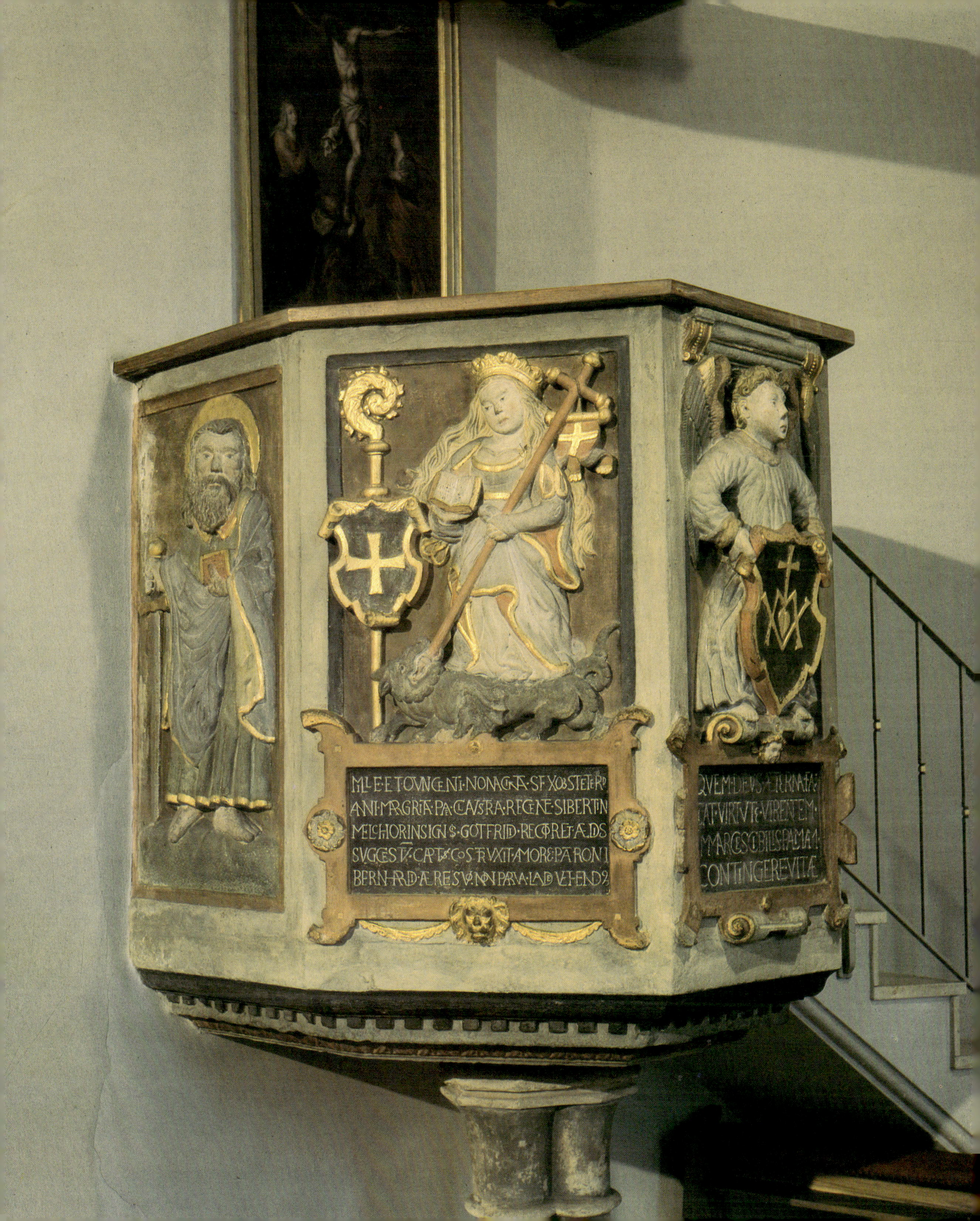
QVEM·DEVS·ÆTERNA·FA
CIAT·VIRTVTE·VIRENTEM·
CONTINGERE·VITÆ

Ehemalige Mühle in Großkarlbach

In Großkarlbach begann auch die 1893 eröffnete Strecke der Klein- und Lokalbahn, die über Laumersheim, Dirmstein, Heuchelheim und Heßheim nach Frankenthal und weiter, entlang des damaligen Kanals, nach Edigheim, Oppau, Ludwigshafen führte und dort auf den Schienen der Straßenbahn durch die Ludwigsstraße am alten Pfalzbau vorbei bis nach Mundenheim fuhr. Die Bahnhöfe glichen einander wie die Eier aus einem Nest; fast alle sind sie noch erhalten. Für das überwiegende Gut des Frachtverkehrs, die Zuckerrüben, war die Zuckerfabrik in Frankenthal Endstation, weshalb das Bähnchen auch liebevoll »Zuckerrübenexpress« genannt wurde. Beinahe 5 Jahrzehnte tat die Schmalspurbahn – heute eine nostalgische Erinnerung an die »gute alte Zeit« – ihren Dienst, bis sie von der Entwicklung des Straßenverkehrs eingeholt wurde.
Folgt man dem Lauf der ehemaligen Kleinbahn und dem Eckbach, gelangt man zunächst nach *Laumersheim.* Alt ist auch dieser Ort: seit 766 als »Lautmersheim«/»Liutmaresheim« urkundlich erwähnt. Auf den fruchtbaren Löß- und sandigen Lehmböden siedelten sich die später ausgestorbenen Ritter »Edle Kolb von Laumersheim« ebenso an wie die Herren von Randeck und von Löwenstein sowie die Flörsheimer. Kurpfalz und Worms teilten sich zeitweilig den Besitz, und im Jahre 1364 erhielt Laumersheim sogar von Kaiser Karl IV. Stadtrechte, die es bis auf den Markt schon 1422 wieder verlor. Anläßlich der Erhebung zur Stadt wurde Laumersheim auch befestigt, doch ist von Mauern heute nichts mehr zu sehen. Auch von dem spätestens 1492 (wenn nicht schon früher) ausweislich eines erhaltenen Wappensteins mit Inschrift von den Flörsheimern erbauten »Schlösslin zu Laumersheim« – ursprünglich, wie mehrfach in der Gegend, ein Wasserschloß –, sind nur noch Teile vorhanden. Der ab 1710 errichtete Neubau enthielt sogar, der neuesten Mode folgend, ein Theater. Als Besitzer erscheinen, nach den Flörsheimern, die *von der Leyen* (1651), *von Hartenfeld, von Langen* (erloschen 1761), *von Orb*; ab 1783 die *Grafen von Oberndorff* und ab 1841 Bürgerliche, wie zum Beispiel *Bordollo* und andere.
Von der erstmals 1316 als Filiale der Kirche von Berghaselbach erwähnten katholischen Kirche steht heute noch der gotische Turm mit Chor, der in der Sakristei wertvolle, 1933 freigelegte und danach konservierte Wandmalereien mit romanischer Ausdrucksweise aus dem 1. Viertel des 14. Jahrhunderts enthält. Leider sind diese nicht mehr so gut erhalten wie etwa die auf Seite 14 erwähnten Wandmalereien von St. Jakob in Höningen. Der spätere Kirchenzubau von 1719 wurde von dem damaligen Schloßherrn zu Laumersheim, Geheimrat Franz Kaspar Freiherr von Langen, wesentlich gefördert. Auch die Inneneinrichtung der Kirche und zahlreiche Kunstgegenstände, darunter interessante Glasfenster, entstammen seiner Freigiebigkeit.

Former Mill in Grosskarlbach

There were also numerous mills at Grosskarlbach: In addition to corn mills there were oil-mills, fulling mills, grinding-mills, and paper-mills. A moated castle with a theatre, whose remains are still in good repair, once adorned the neighbouring village of *Laumersheim.* The former lord of the castle, Baron von Langen, furnished the Catholic church of the village, among other things, with interesting glass windows. In 1933 precious murals of the early 14th century were exposed and preserved in the church. – A local railway connected the villages of Grosskarlbach, Laumersheim, and Dirmstein with the near towns Frankenthal and Ludwigshafen and transported the sugar-beets, produced here in abundance, to the factory for further processing.

Ancien moulin à Grosskarlbach

Jadis, il y avait à Grosskarlbach nombre de moulins: à part les moulins à blé s'y alignaient des moulins à huile, à foulon, à papier et à aiguisage.
Le village voisin de *Laumersheim* se parait, autrefois, d'un château entouré d'eau qui contenait même un théâtre. Il en reste encore des vestiges intégrés dans des bâtiments rurals. L'ancien châtelain orna l'église de Laumersheim de vitraux en couleurs fort remarquables.
En 1933, on réussit à mettre au jour et à conserver de précieuses peintures murales du début du 14ᵉ s. – Jusqu'en 1939 une ligne à voie étroite reliait Grosskarlbach, Laumersheim et Dirmstein aux villes proches de Frankenthal et de Ludwigshafen. Ce petit chemin de fer transportait aussi les betteraves à sucre, cultivées ici en abondance, à la sucrerie pour un traîtement ultérieur.

15

Sturmfedersches Tor in Dirmstein

Dirmstein, so wie es sich heute präsentiert, mit dem schmückenden Beinamen »Perle der Unterhaardt«, ist auf dem besten Wege, diesem Attribut neuen Glanz zu verleihen. Von der Fülle der Adelsfamilien und Geschlechter (zu Beginn des 15. Jahrhunderts sollen es schon 22 Familien von Bluts- und Amtsadel gewesen sein) sind zahlreiche Bauwerke, Häuser und Höfe erhalten geblieben, neben denen der gutsituierten Bürgerschaft. Diesen Bestand zu sichern und zu restaurieren, ist eine Aufgabe, die viel Zeit und Geld verschlingt. Dirmstein soll sogar seinen Namen von den vielen Türmen haben, die die Mauern sowie die Schlösser des Adels schmückten. In diesem sonnigen Winkel der Ebene, den die vor dem Haardtgebirge liegenden Hügel und Geländewellen liebevoll umschirmen, einer wahrhaftigen Sonnen- und Sommerresidenz, haben sich die Mächtigen und Reichen vom Mittelalter bis zur Neuzeit einen »Platz an der Sonne« gesichert. Ebenso genießen die übrigen Zeitgenossen heute die Annehmlichkeiten der hier beheimateten und wohlbekannten Gastronomie der first class. Neue Ortsteile entstanden und alte Baulücken wurden geschlossen. Ausgedehnte, jetzt etwas pflegebedürftige Parkanlagen, wie der Schloßpark und der Kellergarten mit ihrem alten Baumbestand, bereichern die ohnehin üppige Landschaft. Sie sollen künftig noch durch Teich und Seebühne ergänzt werden. Für Veranstaltungen jeder Art steht in der anerkannten Fremdenverkehrsgemeinde die »Unterhaardter Festhalle« zur Verfügung.

Zu den adeligen Namen gesellen sich ebenbürtig die edlen Weine wie »Mandelpfad«, »Herrgottsacker« und »Jesuitenhofgarten«. Diese drei Lagen sind nach einer gesetzlichen Neuregelung von ehemals 39 geblieben. Sie spiegeln sowohl den einzigartigen Reichtum der Natur, wie die klerikal-fürstliche Vergangenheit wieder. Schon 1196 übergab Kaiser Heinrich VI. dem Bischof von Worms die Vogtei Dirmstein als Erblehen. Dirmstein, das vermutlich schon im 8. Jahrhundert bestand, wurde Sommersitz der Bischöfe von Worms, die, wie es damals Mode war, ebenfalls in einer Wasserburg residierten. Das kurpfälzische Schloß wurde nach seiner Zerstörung im Bauernkrieg leider nicht mehr aufgebaut. Um so stattlicher sind die Adelsschlösser *von Sturmfeder*, mit viel bestauntem Hoftor des frühen Rokoko in »Deutschlands kleinster Fußgängerzone«, das Koeth-Wanscheid'sche und das Quadt'sche Schloß erhalten. Sie gesellen sich eindrucksvoll zu der nach einem Entwurf von Balthasar Neumann 1742–45 erbauten *Zweikirche*: Beide Konfessionen haben hier je ihre eigene Kirche unter dem gemeinsamen Dach. Die fünf unteren Geschosse des gemeinsamen Turmes stammen noch von der mittelalterlichen Lorenzkirche, die 1240 erstmals erwähnt wird.

Sturmfeder Gate in Dirmstein

Dirmstein, the destination of wine connoisseurs as well as gourmets, lies in a sunny corner in front of the hilly countryside of the Haardt. "Mandelpfad", "Herrgottsacker", and "Jesuitenhofgarten" are its most famous wines. In these locations of the vineyards the princely and clerical past of the village is reflected. After all, Dirmstein was the summer residence of the prince bishops of Worms at an early date, thus becoming the domicile of numerous noble families. Even today the gate of the Sturmfeder Palais represents many famous names. It stands in "the smallest pedestrian area of Germany". It is really an architectural gem. The interesting village is also known as the "Pearl of the Unterhaardt".

Portail du palais de Sturmfeder à Dirmstein

Les amateurs de vins et de bonne chère connaissent bien *Dirmstein*, situé dans un coin ensoleillé des contreforts du Haardt. Les plus réputés de ses vins sont «Mandelpfad», «Herrgottsacker» et «Jesuitenhofgarten», appellations qui reflètent le passé du bourg. Dès le moyen-âge, Dirmstein était résidence estivale des princes-evêques de Worms et, par conséquent, domicile d'un grand nombre de familles nobles, parmi elles celle de Sturmfeder. Le portail sculpté de leur palais est le joyau de «la plus petite zone piétonne allemande».

Le village intéressant porte fier son attribut charmant «Perle der Unterhaardt».

Dirmstein, katholische Kirche St. Laurentius

Die reiche Innenausstattung der katholischen Kirche, mit dem ungewöhnlich, nämlich zweiläufig endenden Aufgang zur Empore, weist ebenso wie das Stuckwappen an der Decke auf den Erbauer hin: Bischof Franz Georg Graf von Schönborn. Das Wappen enthält in heraldischen Anspielungen die Zeichen seiner Herrschaftsgebiete sowie Hinweise auf von ihm bekleidete Ämter, so z. B. das Erbtruchseßamt von Österreich. Der 1884/85 in neuklassizistischem Stil sehr unglücklich restaurierten katholischen Kirche – dem Hl. Laurentius geweiht – wurde in den sechziger Jahren in gekonntem Nachempfinden wieder eine barocke Innenausstattung gegeben. Hierzu war es vor allem notwendig, den Altar barocken Vorbildern anzugleichen. Die vorhandenen 6 Säulen, jede aus einem Stück marmorierten Sandsteins mit Rokoko-Kapitellen, wurden mit baldachinartigen Ornamenten verbunden. Die Figuren der Hl. Dreifaltigkeit (oben), des Hl. Pirminius (links) und des Hl. Ullrich (rechts) wurden in vorzüglichem stilistischem Einfühlungsvermögen von Kirchenmaler Gschwendtner, Reichenhall, neu geschaffen; desgleichen das Altarbild. Der Hochaltar weist überdies die Wappen von Rheinland-Pfalz und Dirmstein (links und rechts) auf, sowie das Wappen des Bischofs von Worms (oben) und (unter dem Tabernakel) das des damaligen Bischofs von Speyer, Dr. Friedrich Wetter, der Ende 1982 Kardinal von München und Freising wurde. Der vorgerückte Zelebrationsaltar fügt sich harmonisch und geschickt in die Neukonstruktion ein. So wurde dieser einzigartigen Barockkirche des Leininger Landes wieder zu ursprünglicher Schönheit und stilistischer Reinheit verholfen. Wertvollster Kirchenschatz ist, neben Kelchen, Monstranz und mit fein ziseliertem Rankenwerk versehenem Johannisbecher – sämtlich aus der ersten Hälfte des 18. Jahrhunderts – ein Sebastians-Reliquiar von 1503, eine der bedeutendsten spätgotischen Arbeiten pfälzischer Künstler aus reinem Silber.

Das Innere der angebauten protestantischen Kirche, ein konzentrierter Versammlungsraum, vermittelt in sanften Farbtönen den Eindruck schlichter Geborgenheit.

Ihr (und damit der Zweikirche) gegenüber liegt, als dritte Kirche am Ort, die Spitalkapelle Maria Magdalena, eine gotische Anlage aus dem 13. oder 14. Jahrhundert. Sie ist ein Teil der großzügigen mittelalterlichen Spitalstiftung.

Dirmstein, das in seiner Vergangenheit schon zweimal kurzfristig Stadtrechte erhalten hatte, wurde 1525 von den Bauern und 1689 von den Franzosen zerstört. Das aufblühende Töpfereigewerbe, eine 1778–1788 bestehende Fayencefabrik des Bischofs von Worms und, im 19. Jahrhundert, eine Ziegelei brachten einigen Aufschwung. Wirtschaftliche Grundlagen des Ortes blieben jedoch im wesentlichen Ackerbau und Weinbau. Die nahegelegenen Industriestädte bescherten Dirmstein aber einen erheblichen Zuzug als Wohngemeinde.

Dirmstein, Catholic Church St. Laurentius

The Catholic church St. Laurentius, under a common roof with the attached Protestant church, was built after Balthasar Neumann's design by Bishop Franz Georg Graf von Schönborn (1742–1745). The inner decoration, later clumsily restored, was renovated in baroque style not long ago. It is the only baroque church of the Leininger Land with such an abundance of forms. At the same time the altar was given a new shape, the altarpiece and altar figures were created in a completely new fashion. – In addition, the Catholic church has a silver Sebastian reliquary, which is considered as one of the most important works in late Gothic style of Palatinate artists.

Dirmstein: église St. Laurentius

L'église St. Laurentius dont le toit abrite aussi l'annexe protestante fut érigée de 1742 à 1745 par l'évêque Franz Georg Graf von Schönborn sur le plan du fameux Balthasar Neumann. La décoration intérieure dont la restauration précédente était peu conforme au style fut rétablie de style baroque. En même temps on transforma le retable; le tableau et les statues sont de nouvelles créations adaptées. C'est l'unique église baroque du Leininger Land montrant une telle richesse de formes.

Outre cela, on trouve ici un reliquaire d'argent de St. Sebastian qui appartient aux plus importantes œuvres du gothique tardif de provenance palatine.

Wehrkirche in Obersülzen

Von Dirmstein führt die Landstraße westwärts über *Obersülzen* in die Mitte des Leininger Landes. Zwischen Weinbergen hindurch wird die Geländewelle der Vorhügellandschaft genommen, um dann den Weg durch fruchtbare Felder fortzusetzen. Trutzig stellt sich am östlichen Ortseingang von Obersülzen die alte Wehrkirche aus der 1. Hälfte des 13. Jahrhunderts in den Weg und zwingt die Straße, sich zu teilen. »Sulzheim« (767), oder auch kurz »Sulze« (1363), soll seinen Namen inzwischen versiegten Quellen schwefelhaltigen Wassers verdanken. Bis 1477 war Obersülzen leiningisch, wurde dann vorübergehend gemeinsam mit, dann ab 1418 endgültig allein von der Kurpfalz und deren Oberamt Alzey verwaltet. – Obersülzen wurde schon frühzeitig – wie auch Altleiningen – Zufluchtsstätte ausgewanderter Mennoniten, die heute noch dort eine Gemeinde bilden. So war Obersülzen auch schon bald ein Ort reger handwerklicher Tätigkeit, wobei insbesondere noch im letzten Jahrhundert die Zunft der Leineweber von sich reden machte.
Fruchtbarer, mittelschwerer Lehmboden ist eine gute Grundlage für die ansässige Landwirtschaft. Der Obstbau steht in Blüte und auch der Weinbau hat sich, vorzugsweise mit Müller-Thurgau-Reben, hier niedergelassen.

Weiter in Richtung Westen geht es nun *Grünstadt* entgegen. Dabei wird der Unterschied deutlich zwischen den bewaldeten Haardt-Höhen gegen Süden und dem vor uns liegenden, kahlen Grünstadter Berg und seinen ebenfalls waldlosen, nördlichen Nachbarn. Lediglich die Nordkante des Grünstadter Berges ist mit einem grünen Käppchen geschmückt, einer Parkanlage, die durch Privatinitiative eines »Verschönerungsvereines« 1877 angelegt und bis auf die heutige Zeit laufend erweitert wurde. Heute wird der Park ergänzt durch Gastwirtschaft, Anlagen des Park-Tennis-clubs, der Schützengesellschaft und der Hundezüchter.
Aus dieser Sicht erscheint die Stadt größer als sie ist. Tatsächlich zieht sie sich in einem zwar inzwischen gewachsenen, aber dennoch relativ schmalen Streifen, im wesentlichen am Fuße des Berges, vom Eckbachtal bis zum Eistal hin. Die starke Ausdehnung des Stadtgebietes in den letzten 100 Jahren, bedingt durch den industriellen Aufschwung, mußte sich innerhalb eines »Korsetts des Fortschritts« bewegen, das die Bahnlinie einmal geschneidert hatte. Erst in jüngster Zeit gelang mehr und mehr der Sprung über diese Entwicklungshürde. So hat sich insbesondere ein Gewerbegebiet gebildet, das in hohem Maße die wirtschaftliche Anziehungskraft des »Herzens der Unterhaardt« beweist und seine Zukunft sichern hilft. Imponierend thront in halber Höhe über der Stadt die Baumasse des Kreiskrankenhauses.

Fortified Church in Obersülzen

The rugged fortified church was built in the first half of the 13th century. *Obersülzen* derives its name from sulfur springs, which flowed here in former times. Expelled and fugitive Mennonites settled here, forming a parish which still exists today. Their trade skills and the local agriculture form the economic foundation for the prosperity of the village. Cultivation of wine and fruit are found here. If one follows the road westwards one will reach *Grünstadt*, extending below the last hills of the Haardt. Seen from here, the town seems to be larger than in reality, the railway lines having forced it to expand mainly southwards and northwards. With an industrial area in the east this obstacle has been overcome at last.

Eglise fortifiée à Obersülzen

Cette petite église d'un air bravant date du début du 13ᵉ s. Le nom de *Obersülzen* dérive des sources sulfureuses qui, jadis, y jaillissaient. – Des Mennonites expulsés et refugiés s'établirent ici formant, encore de nos jours, une communauté religieuse. Leur aptitude artisanale et l'agriculture locale à laquelle s'ajoutent vignobles et vergers, sont la base économique de ce lieu. – Suivant la grand-route vers l'ouest on gagne *Grünstadt*, s'étendant au pied des derniers contreforts du Haardt. Vue d'ici, la ville semble être plus grande qu'elle est en vérité. Dû à la voie ferrée à l'est, la ville s'élargeait surtout en direction nord-sud. Actuellement, on a réussi à surmonter cet obstacle en établissant une zone industrielle sur l'autre côté de la voie.

Rathaus in Grünstadt

Erkenntnisse über die Frühgeschichte des Raumes Grünstadt ergeben sich aus Grabungsfunden, insbesondere im Ortsteil Asselheim. Danach wurde das Gebiet um Grünstadt – vermutlich schon früher, ziemlich sicher aber schon in der Nacheiszeit (6.–5. Jahrtausend v. Chr.) – von Jägern durchstreift und ab etwa 4000 v. Chr. zunehmend bäuerlich genutzt und besiedelt. Eine aufgefundene Siedlungsstätte aus der Bronzezeit konnte auf »um 1550–1200 v. Chr.« datiert werden.
Der in der Gegend ansässige indogermanische Volksstamm der Kelten wurde durch das siegreiche Vordringen römischer Truppen bedrängt und unterworfen. In der Folgezeit wurden die verbliebenen Reste der Bevölkerung und die ansässig gewordenen Germanen romanisiert. So finden sich aus der Zeit der römischen Herrschaft in diesem Gebiet (rund 400 Jahre!) noch zahlreiche Einzelfunde (Gräber, Waffen, Geräte, Münzen) oder gar ganze Befestigungsanlagen (vgl. den burgus in Eisenberg, S. 86). Am meisten ins Auge springende Vorteile der römischen Besatzungszeit sind die Anlage von Straßen und die Einführung der Weinrebe. Der Raum Grünstadt liegt am Schnittpunkt wichtiger Römerstraßen. Noch heute folgen moderne Straßenbauten der ehemaligen Wegführung, wie sich dies auch für die Hauptstraße in Grünstadt, die jetzige Fußgängerzone, nachweisen läßt. Der Anbau der Weinrebe hat zu den entscheidendsten Veränderungen der Landschaft beigetragen, ja praktisch eine wirtschaftliche Revolution herbeigeführt, von deren Auswirkungen das »Weinland Unterhaardt« aktuelles und beredtes Zeugnis gibt.
Die etwas ruhigeren Zeiten im Schutze der römischen Heere wurden ab 250 n. Chr. durch die einsetzende Völkerwanderung abgelöst. Die Alemannen setzten den Römern erheblich zu und drängten sie am Oberrhein bis weit in die Schweiz zurück, deren linksrheinische Siedlungen noch verschonend, bis auch hier – als Neujahrsüberraschung 406 auf 407 – die Alemannen die Oberhand gewannen. – Im nahen Worms trieb das im Nibelungenlied besungene Burgunderreich inzwischen seine kurze, 30jährige Blüte. – Nach dem Sieg Chlodwigs über die Alemannen bei Zülpich, 496, befriedete der älteste fränkische Stamm, die Merowinger, für etwa weitere 250 Jahre das Land und führte das Christentum römisch-katholischer Prägung ein. Kirche, Adel und das Hausmeiertum erstarkten. Ein Zerfall der Macht der Merowinger-Könige war die Folge. In der Karolingischen Zeit, ab 751 bis 918 wurden geistliche Fürsten, Grafen und Landadelige die eigentlichen Herren. Viele Dörfer wurden von ihnen gefördert oder neu begründet; je fruchtbarer das Land desto dichter die Besiedlung. In dieser Zeit liegen die urkundlich belegbaren Ursprünge der meisten in diesem Buch beschriebenen Dörfer und Städte. Es ist daher nicht verwunderlich, daß gerade jetzt viele dieser Gemeinden ihr 1100- oder 1200jähriges Bestehen feiern.

Townhall in Grünstadt

The municipal area of today was the hunting ground of nomadic hunters in the postglacial age. The settlement in the Bronze Age (1550–1200 B.C.) has been substantiated by finds. The Romans built roads here and introduced the vine, which has greatly changed the landscape. They were driven away by the Alemannians in 407 A.D. The kingdom of Burgundy, sung of in the lay of the Nibelungs, had a short prime in nearby Worms. The Frankish tribes of the Merovingians and Carolingians then successively brought peace to the country and colonized it. Most of the places, described here, originate from that time; thus they are 1100 to 1200 years old.

Hôtel de ville à Grünstadt

Le territoire actuel de la ville fut déjà fréquenté par des chasseurs nomades de l'ère paléolithique. La colonisation à l'âge du bronze (1550–1200 avant J.-C.) est prouvée par des fouilles.
Les Romains y construirent des routes et, avant tout, importèrent la vigne, fait qui a eu une influence décisive sur la région. Vers 407 après J.-C., l'invasion des Alamans mit fin au règne romain. À Worms, ville voisine, le royaume des Burgondes dont nous raconte le chant des Nibelungen eut un court apogée. Ensuite, les tribus franconiens des Merovingiens et des Carolingiens s'installèrent successivement et pacificèrent le pays.
La plupart des lieux décrit ici proviennent de cette époque et ont, par conséquent, l'âge de 1100 où de 1200 ans.

Zunfttruhe der Schuhmacher

Zu dieser Zeit lassen sich im Bereich der alten Gemarkung Grünstadt drei Siedlungsteile feststellen, die wiederum aus mehreren Höfen bestanden. Der nördlichste, beim heutigen Friedhof, ein mittlerer beim heutigen Peterspark und ein südlicher, im Bereich der Martinskirche. Welcher Teil der älteste ist und welcher Teil den Namen des vermutlichen fränkischen Gründers »Grindeo« führte, ist unbekannt. Ein Dokument vom 21. Nov. 875, die »Metzer Urkunde«, bezieht sich eindeutig auf die südlich gelegene Siedlung, auch »Lungenfelder Hof« genannt. Sie gehörte zur Abtei Glandern bei Metz. Eine weitere, die »Weißenburger« Urkunde, um 900 ausgestellt, bezieht sich auf die Siedlung beim heutigen Peterspark und gibt in detaillierter Schilderung an, wie das Gut beschaffen war. Dies sind die ältesten z. Zt. bekannten urkundlichen Zeugnisse über Grünstadt.

Das damit weitgehend in klösterlichem Besitz befindliche Grünstadt geriet mit wachsender Macht der Grafen zu Leiningen, ähnlich wie das Umland, immer stärker unter deren Einfluß. Wann Grünstadt in den Besitz der Leininger Grafen kam, ist nicht genau zu bestimmen. Doch wirkte schon 1287 ein Schultheiß von Grünstadt bei der Regelung Leiningischer Belange in Rosenthal mit, und der erste Einigungsversuch zwischen Friedrich V. und Jofried findet 1317 in Grünstadt statt (vgl. Seite 24). 1318 wird »Grindestat« Graf Friedrich zugesprochen. In den folgenden Erbstreitigkeiten nach Hessos Tod wurde Grünstadt erst teilweise (am 1. Juni 1467), dann vollständig (1481) kurpfälzisch. Erst nach Rückkauf durch den Grafen Reinhard IV. im Jahre 1505 wurde und blieb das damalige Dorf wieder leiningisch.

Der südliche Ortsteil, der sogenannte »Lungenfelder Hof«, damit der gesamte Bereich um die Martinskirche, konnte erst am 11. Juli 1549 pfandweise durch die Leininger von dem Kloster Glandern übernommen werden. Eigentum wurde er erst im Jahre 1735. Den auf diese Weise erworbenen Hof nutzten in der Folgezeit die gräflichen Familien mit ihren Bediensteten mehr und mehr als Wohnstätte, zumal die Schlösser in Alt- und Neuleiningen für ihre Hofhaltung zu klein waren. Deren endgültige Zerstörung im Jahre 1690 führte dazu, daß Graf Philipp zu Leiningen-Westerburg nun im alten Lungenfelder Hof seinen Wohnsitz nehmen mußte. Als er 1705 starb, machten die beiden Erben, Christoph Christian und Georg, Grünstadt zu ihrer Residenz. Als 1716 der »Oberhof« neu erbaut wurde, kam die Bezeichnung »Unterhof« für den bisherigen Wohnsitz auf. In Verbindung mit dem ehemaligen Marstall dient dieser Komplex heute, teils restauriert, teils neu gestaltet, vorwiegend Wohnzwecken. Und er wurde, zusammen mit dem Neubau eines Alten- und Pflegeheimes, zu einem städtebaulichen Schmuckstück.

Chest of the Shoemakers' Guild

The name Grünstadt presumably originates from a Frankish settler, named "Grindeo". The place was mentioned for the first time in 875. The monasteries Glandern near Metz and Wissembourg in Alsace had possessions here. Grünstadt was adjudicated to Count Friedrich V. of Leiningen in a division of the estate in 1318. It then became part of the Electorate of the Palatinate in the 15th century, and passed into the hands of the Leininger again in 1505. After the destruction of Altleiningen and Neuleiningen in 1690 the Counts moved their residence to Grünstadt. This marked the development of Grünstadt from a village to a town. Today the former buildings of the palace "Oberhof" and "Unterhof" are show-pieces from the viewpoint of town planning.

Coffre de la corporation des cordonniers

C'est au coloniste franconien «Grindeo» que, selon toute apparence, Grünstadt doit son nom. Le lieu est cité pour la première fois en 875 après J.-C. lorsque les monastères de Glandern près de Metz et de Wissembourg y avaient des domaines. En 1318, Grünstadt est attribué au comte Friedrich V de Leiningen. Tombé au Palatinat électoral au 15e s. le lieu revint à la maison de Leiningen en 1505.

Après la destruction d'Altleiningen et de Neuleiningen, en 1690, les comtes installèrent leur résidence à Grünstadt qui, dès lors, s'est transformé en ville.

Les anciens châteaux, le «Oberhof»et le «Unterhof», comptent encore aujourd'hui parmi les plus belles édifices de la ville.

Johanes
Meister
Nickell

Grünstadt, Ehemaliger Oberhof mit Martinskirche

Der Oberhof, ein imposanter Bau mit prächtigem Portal, einem der Wahrzeichen Grünstadts, diente nach seiner »Residenzzeit« lange als Schulgebäude; heute entfaltet sich in ihm ein reges Vereinsleben und er birgt die zahlreichen Bände der Stadtbücherei.
Während die Zünfte allgemein ihre Blüte im 14. und 15. Jahrhundert erfuhren, hat sich in Grünstadt das Zunftleben erst entwickelt, als die Grafen ihre Residenz hierher verlegten. Die älteste Zunft in Grünstadt ist die der Schuhmacher, 1668, deren Zunftlade und Zunftbecher auf Seite 49 abgebildet sind. Die Zunftlade stammt aus dem Jahre 1715. Sie zeigt neben dem von einem Löwen flankierten Stiefel Werkzeuge der Gerber, die mit den Schuhmachern in einer Zunft vereinigt waren. Der Deckel der Zunftlade enthält die Namen des damaligen Zunftmeisters, eines weiteren Meisters und eines Geschworenen. Der Zunftbecher, eine fein ziselierte Silberarbeit, befindet sich im Historischen Museum in Speyer. Außer diesen Gegenständen des damaligen Zunftlebens ist noch eine lebendige Vereinigung in Grünstadt erhalten geblieben, die 1778 gegründete »Leichencassa« der »kleinen Bauzunft«, die als Sterbekasse der Schreiner, Schlosser, Glaser, Hafner, Zeugschmiede und Büchsenmacher fungierte. Bei den jährlichen Zusammenkünften der heute allen Bürgern offenstehenden Vereinigung werden Tradition und Geselligkeit in gleicher Weise gepflegt. Das Zunftwesen endete mit der nach Beginn der Französischen Revolution eingeführten Gewerbefreiheit.
Um diese Zeit wurden von Graf Georg Hermann zu Leiningen-Westerburg (1721–1751) wichtige Bausteine zur städtebaulichen Entwicklung Grünstadts gelegt. Während schon 1716 der »Oberhof« fertiggestellt wurde, erhielt in der Zeit von 1727 bis 1736 die Martinskirche, inzwischen protestantisch, ihre heutige Form, wurde 1729 die Lateinschule erbaut und 1750–55 das heutige Rathaus (S. 46; damals als Waisenhaus erstellt). Der Unterhof wurde unter Anlegung eines Schloßgartens im modernen englischen Stil zum eigentlichen Schloß ausgebaut. 1749 zählte Grünstadt 2164 Einwohner.
Schon mit dem Tode des Landgrafen Hesso am 8. 3. 1467 war die Linie der Altleininger Grafen erloschen. Von da an begann die Verknüpfung des Leininger Landes mit der Herrschaft des Hauses Westerburg, eine Schicksalsgemeinschaft, die durch die gemeinsame Regierung, weit über 300 Jahre hinweg, in den Städten Grünstadt und Westerburg (Westerwald) nicht ohne Spuren geblieben ist. Deren Auffrischung könnte beiden Gemeinden von Nutzen sein.
Als die Französische Revolution auf die Pfalz übergriff, wurden – im Jahre 1793 – die Grafen von Leiningen verhaftet und nach Paris deportiert. Am 18. März des gleichen Jahres wurde eine linksrheinische Republik ausgerufen. Damit endete endgültig die Herrschaft Leiningen.

Grünstadt, Former "Oberhof" with Martin's Church

Whereas the guilds in general reached their peak in the 14th and 15th century, they only developed in Grünstadt when the village became the residence of the Counts.The oldest was the guild of the shoemakers of 1668, whose guild chest and goblet are pictured on page 49. The "Small Guild of Masons" has continued to exist until today and still cultivates good fellowship and tradition. – In addition to the castles, the Latin School, the orphanage, and St. Martin's Church were built during the time of the residence of the Counts. The storms of the French Revolution also seized the Palatinate, ending the rule of the Counts of Leiningen. A republic on the left bank of the Rhine was proclaimed on March 18th, 1793.

Grünstadt: ancien «Oberhof» et église St. Martin

A part les châteaux furent construits, au cours de cette époque, le «Lateinschule» (lycée), le «Waisenhaus» (orphelinat) et l'église St. Martin. – Les bouleversements de la Révolution française atteignaient aussi le Palatinat: le 18 mars 1793 fut proclamée, sur la rive gauche du Rhin, la république, fait qui mit fin au règne des comtes de Leiningen.
Tandis qu'en général les corps de métier avaient leur apogée aux 14ᵉ s. le developpement à Grünstadt ne prit son essor que lorsque le lieu devenait résidence des comtes de Leiningen. La plus vieille en est la corporation des cordonniers dont le coffre et le gobelet vous voyez sur page 49.

Grünstadts Fußgängerzone

Am 8. September 1780 wurden Grünstadt vom Landesherrn zwei neue Märkte bewilligt: März-Markt und Simon-Judä-Markt. Sie kamen zu den beiden Marktrechten hinzu, die schon Kaiser Karl V. dem Marktflecken Grünstadt am 21. Februar 1556 verliehen hatte (»den einen auf St. Jakob und den andern auf St. Niklas Tag«). Damit, und als Regierungssitz, wurde Grünstadt de facto zur Stadt, ohne daß ihm jemals förmlich das Stadtrecht verliehen worden ist.
Mit dem Frieden von Luneville am 9. Februar 1801 wird das linke Rheinufer Frankreich einverleibt. Grünstadt wird Kantonsstadt im Kreis Speyer und dem Departement Mont Tonnèrre. Jedoch schon am 1. Januar 1814 wird die französische Herrschaft durch eine »Landes-Administrations-Komission« abgelöst. Am 1. Mai 1816 wird der königlich-bayrische Rheinkreis gebildet, der sich ab 1837 »Pfalz« nennt. – Die Jahre 1871–1914 sind auch in Grünstadt Jahre des Friedens und damit »die gute alte Zeit«. Zu der schon seit 1801 bestehenden Fayence-Fabrik (später Steingutfabrik) gesellen sich weitere Industrieneugründungen. 1873 wird Grünstadt Bahnstation.
Die Kriege des 20. Jahrhunderts hinterlassen ihre Spuren. In der »Brandnacht« des 6. Dezember 1942 steht durch massierten Bombenabwurf fast die ganze Unterhaardt in Flammen. Zu den Sachopfern gehört auch die Martinskirche; von Turm und Schiff bleiben nur die Umfassungsmauern erhalten. Die Gruft der Leininger Grafen übersteht das Inferno. 1951/52 wird die Kirche wieder aufgebaut und erhält 1954 ein neues Geläute. Mit der Orgelweihe 1959 wird der von weiten Bevölkerungskreisen unterstützte Wiederaufbau abgeschlossen. – Eine zweite Kirche der protestantischen Gemeinde ist die 1739 erbaute Kirche der ehemaligen reformierten Pfarrei, jetzt »Friedenskirche« genannt. In ihr ist die spätbarocke Schmiedeeisenarbeit einer Sanduhr zu bewundern, die dem Prediger als Zeitmaß diente. – Die jetzige katholische Kirche St. Peter und Paul ist die Nachfolgerin der einstmals im Gelände des Petersparks gelegenen, vermutlich schon aus dem 9. Jahrhundert stammenden Peterskirche (1270 urkundlich erwähnt; im Jahre 1818 auf Abbruch versteigert). Nur die Grabsteine im Peterspark erinnern an den ehemaligen Friedhof. Der heutige Bau wurde ursprünglich für das damalige Kapuzinerkloster 1707 errichtet, 1840–42 umgebaut und im Inneren sowohl 1936 als auch 1982/83 renoviert. Der Turm stammt aus dem Jahre 1935. Ein Ölgemälde Adam Schlesingers (um 1800), »Kreuzerhöhung«, schmückt nunmehr den Hochaltar. Bemerkenswert ist eine barocke Marienstatue (um 1700).
Zeugen der geschichtlichen Vergangenheit Grünstadts sind in Kürze im neuzuschaffenden Heimatmuseum zu sehen. – Die Gegenwart jedoch genießt man hier mit Freuden und in vollen Zügen beim jährlichen »Weinwettstreit der Unterhaardt« Anfang Oktober.

Pedestrian Area in Grünstadt

The town has four rights to hold markets, two having been granted in 1556, the other two in 1780. In 1801 the left bank of the Rhine became French with the Peace of Lunéville, Grünstadt becoming cantonal town in the departement Mont Tonnère. Since 1816 the country belonged to Bavaria, till 1945. The Protestant St. Martin's Church was destroyed during World War II like numerous other buildings in Grünstadt. The reconstruction of the church in the fifties was not completed before 1959 with the installation of a new organ. The Catholic church with an altarpiece of the Grünstadt painter Schlesinger and a baroque Madonna was renovated in 1983. – Every year during October the "Wine Competition of the Unterhaardt" takes place.

Zone piétonne à Grünstadt

La ville a le droit de tenir quatre foires, deux datant de 1556, deux de 1780. En octobre se fête le marché aux vins, de fraîche date celui-ci, dit «Weinwettstreit der Unterhaardt». – Après la paix de Lunéville, en 1801, la rive gauche du Rhin fut rattachée à la France et Grünstadt devint ville cantonale du département Mont Tonnère. A partir de 1814 sous administration allemande le pays revint à la Bavière le 1er mai 1816.
La réconstruction de l'église St. Martin (protestante) détruite pendant la Seconde Guerre mondiale, n'est terminée qu'en 1959 par l'installation d'un nouvel orgue.
L'église St. Peter und Paul (catholique), ornée d'un tableau d'autel du peintre Schlesinger et d'une Vierge de style baroque, vient d'être restaurée (1983).

FOTO
PEETER

Taufstein in Sausenheim

Der Rhein mit seinen Städten war schon immer die große Schlagader der Landschaft und damit von einer ungeheuren Anziehungskraft für die Menschen. Daneben bildeten sich im Mittelalter, am Grabenrand des Haardtgebirges und insbesondere in den in die Waldgebiete führenden Tälern, neben Herrschaftssitzen wie Altleiningen und Stauf, geistige Zentren heraus, die von weitreichendem Einfluß waren. Sie verbanden geistliche Kraft mit wirtschaftlicher Kraft und – über die herrschenden Häuser – mit politischer Macht. Hier sind die Klöster Höningen und Ramsen zu nennen, vor allem aber das Kloster Rosenthal. Es fungierte als Bindeglied zwischen dem Leininger Land und dem Donnersberggebiet, gleichermaßen landschaftlich wie politisch gesehen. Von diesen Kraftzentren gespeist, entwickelten und verlagerten sich die Schwerpunkte bald wieder deutlich an den Rheingrabenrand (Neuleiningen, Dirmstein, Bockenheim), bis zur Konzentration der Kräfte des Leininger Landes – unter Beibehaltung der Sondersituation des Eisenberger Beckens – zu Beginn des 18. Jahrhunderts im Raume Grünstadt. Hiermit begann eine Entwicklung, die zu dem heutigen Ergebnis »Grünstadt als Mittelpunkt des Leininger Landes und der Unterhaardt« führte. Dieser Konzentrationsprozeß brachte folgerichtig, am 4. Juni 1969, den vertraglich vereinbarten Zusammenschluß von Asselheim und Sausenheim mit Grünstadt (nunmehr rund 12550 Einwohner) mit sich. Das siedlungsmäßige Zusammenwachsen der Gemeindegebiete wurde damit so stark gefördert, daß heute nur noch wenig Raum zwischen den einzelnen Gemeindeteilen besteht. Eine weitere wirtschaftliche und kommunale Aufwärtsentwicklung wurde damit eingeleitet. Schon 1967 war das Kreiskrankenhaus eröffnet worden; am 6. April 1974 wurde die Fußgängerzone eingeweiht und im gleichen Jahr eine Partnerschaft mit Carrière sur Seine, einer Vorstadt von Paris mit 12000 Einwohnern geschlossen. 1974/75 wurde das »Wandelbare Bad« geschaffen. Die Altstadtsanierung steht vor einem erfolgreichen Abschluß. Und im Industriegebiet setzt sich der Zuzug neuer Firmen weiter fort.

Mit Geschick und Einsatzbereitschaft ist jedoch der Eigencharakter der bisher selbständigen Gemeinwesen gewahrt worden. Da ist der südlich gelegene Ortsteil *Sausenheim*, dessen vorzügliche Weinlagen insbesondere am Berghang von der Autobahn Mannheim/Saarbrücken begrenzt bzw. durchschnitten werden. Schon 770 finden wir Sausenheim als »Susenheim«, das heißt »das Heim des Suso«, erwähnt. Das um 1600 erbaute Rathaus mit überdachter Freitreppe zeugt von früher Selbständigkeit. Ein rundbogiges Einfahrtstor ist mit Renaissancedekor geschmückt; Zeichen mittelalterlicher Gerichtsbarkeit ist der außen angebrachte Rest eines Halseisens. Die in der Nähe des Rathauses gelegene protestantische Pfarrkirche von 1725 birgt das künstlerische Kleinod Sausenheims, den abgebildeten Taufstein aus der Zeit um 1510.

Baptismal Font in Sausenheim

The forces of the Leininger Land crystallized in Grünstadt during the 18th century. This consequently led to the federation of Asselheim and Sausenheim with Grünstadt in 1969. The built-up areas of these rural communities have almost grown together, favouring further upward development: A district hospital, public swimming pool, sports facilities, and the pedestrian area have been built, and the town-centre rehabilitation will soon be finished. A partnership between Grünstadt and its twin city Carrière sur Seine was initiated. – Sausenheim, situated south of Grünstadt, is an excellent wine-growing village. The Protestant church houses a baptismal font, dated in 1510. It was made of reddish sandstone and was the creation of a Worms artist.

Fonts baptismaux à Sausenheim

Au cours du 18e s. les pouvoirs du Leininger Land se concentraient à Grünstadt. La conséquence en fut, en 1969, la réunion de Grünstadt avec Asselheim et Sausenheim. Cela a initié et soutenu un essor additionel. On a construit un nouveau hôpital, des terrains de sport et une moderne piscine couverte. L'assainissement de la vieille ville dont un point fut l'aménagement d'une zone piétonne touche à sa fin. Les contacts avec la ville jumelée de Carrière-sur-Seine se sont intensivés.
Sausenheim, village viticole de réputation au sud de Grünstadt, abrite dans l'église protestante des fonts baptismaux en grès rougeâtre datant de 1510 environ. Cette belle création de sculpteurs de Worms n'a pas sa pareille au Leininger Land.

Kirche in Asselheim

Der Taufstein, Bild Seite 55, ist eine hervorragende Wormser Schöpfung, mit reichem Hochreliefschmuck. Am achteckigen, profilierten Fuß sitzen 4 Löwen, die das ebenfalls achteckige Becken stützen. An den Seiten, auf Konsolen, sind Reliefdarstellungen der Muttergottes, der Hl. Katharina und anderer Gestalten aus der Kirchengeschichte angeordnet. Dazwischen finden sich reichverzweigtes Astwerk, und, vor den Beckenkanten, kleine Figuren, ebenfalls auf Konsölchen. Das wertvolle Kunstwerk aus rötlichem Sandstein soll einstmals im Kloster Höningen aufgestellt gewesen sein. Ähnliche, nicht so reich durchgebildete Stücke finden sich in Boßweiler, Colgenstein, Bockenheim und Rodenbach.

Die katholische Kirche ist das älteste Gotteshaus Sausenheims: Der spätromanische Turm und das Untergeschoß stammen aus dem 12. und 13. Jahrhundert; der gotische Chor und die Seitenkapelle wohl aus dem 14. Jahrhundert. Sehenswert ist das auf rundem Säulenschaft stehende, rechteckige Sakramentshäuschen, mit filialengekröntem Baldachin. Es ist aus grauem Sandstein gefertigt und wird um 1500 datiert. Die Holzfiguren aus Nußbaum, Maria, Joseph, Petrus und Paulus, sind etwa 1440 gefertigt.

Der nördlich gelegene Ortsteil *Asselheim* schmiegt sich in den Talgrund des Eisbachtals und an den Nordhang des zu diesem Tal abfallenden Berges. Steilstraßen im alten Ortskern sind daher ein besonderes Merkmal. Ebenso charakteristisch sind der aus dem 13. oder 14. Jahrhundert stammende Turm der protestantischen Kirche, der als Wehrturm ein Teil der Ortsbefestigung war und der noch erhaltene, an der Straße nach Mertesheim liegende, viergeschossige Rundturm, genannt der »Rote Turm«. Er weist senkrechte und waagrechte Schießscharten, die wie Schlüssellöcher aussehen, und, im dritten Obergeschoß, eine Pechnase auf. Die Kirche, die 1470 verändert und um 1500 zur Pfarrkirche erhoben wurde, enthält ein spätgotisches Rippenkreuzgewölbe. Die ehemalige Pfarrkirche, St. Stephan, etwa einen Kilometer nördlich von Asselheim vermutlich von Zisterzienserinnen des Klosters Rosenthal Mitte des 13. Jahrhunderts erbaut, war zu abgelegen. – Asselheim wird erstmals schon 756 erwähnt. Seit 1250 gehörte es wie Grünstadt zu Leiningen, ab 1481 zur Kurpfalz, ab 1555 zu Nassau-Weilburg – bis zur Französischen Revolution. Für einen Ortsadel zeugt 1283 ein bekannt gewordener Friedrich von Asselheim. Nur die Schloßgewanne, südöstlich des Ortes, erinnert noch daran, daß Asselheim eintmals einen Schloßbau gehabt haben muß. Wann und von wem ist nicht bekannt. – Da Grünstadt zwar Marktrechte besaß, jedoch keine Kerwe feierte (vgl. S. 78), war die Asselheimer Kerwe schon immer ein bevorzugtes Fest der Grünstadter Bevölkerung. Attraktionen sind das »Schubkarchrennen« am Kerwedienstag und der dann sprudelnde Weinbrunnen.

Church in Asselheim

Parts of the Catholic church in Sausenheim date back to the Middle Ages. A tabernacle, worth seeing, is dated about 1500, some wooden statues are even older. – The northern quarter of Grünstadt, *Asselheim*, still has the remains of its former fortification. The steeple of the Protestant church and the "Red Tower" are parts of the battlements from the 13th and 14th century. The church has a late Gothic cross ribbed vault. The village, already mentioned in 756, celebrates its kermess as a wine festival, at which a wine fountain gushes.

L'église d'Asselheim

Plusieurs parties de l'église catholique de Sausenheim proviennent du moyen-âge, parmi eux un tabernacle daté vers 1500 et des statues en bois encore plus anciennes.

A *Asselheim* situé au nord de Grünstadt subsistent des vestiges d'une ancienne fortification du 13e s. dont font partie le clocher de l'église protestante et la Tour rouge (Roter Turm).

Cité déjà en 756, Asselheim fête sa kermesse en tant que marché aux vins avec dégustation à la «Fontaine du vin».

À côté du «Weinwanderweg» (sentier à travers le vignoble) le promeneur trouvera une hutte fonctionant aux week-ends, la «Weinwanderhütte» qui souligne l'hospitalité des vignerons de ce village aux crus renomés.

Küchenschelle (Pulsatilla vulgaris)

Das Eistal wird dort, wo es die Ebene erreicht, gebildet vom Grünstadter Berg im Süden und dem Gerstenberg im Norden, beides unbewaldete Höhen, die auf ihren Rücken weite Ödungen aufweisen. Manche sind durchsetzt mit zum Teil riesigen Kalkbrocken. An einigen Stellen, wo es der Fortschrittsglaube des Menschen immer noch nicht aufgibt, finden sich steinübersäte Felder, die spärliche Frucht tragen. Sie sind umgeben und immer wieder unterbrochen von »Rosseln«, das sind Haufen aus den in den Äckern gesammelten Steinen, ein Bild, das entfernt an schottische Landschaften erinnert. Solchem Kultivierungsdrang sind auf dem Grünstadter Berg auch kleinere Baum- und Buschinseln sowie ein Wäldchen zu verdanken, sämtliche mühsam als kleine Rodungen angelegt und gepflegt, in denen überwiegend genügsame Kiefern der Landschaft noch einen Hauch von Wald verleihen, gleichsam als Vorposten des schon im nächsten Tal oder weiter nach Westen beginnenden, fast endlosen »Pfälzer Waldes«. Dafür gibt es jedoch in den Ödungen botanische Besonderheiten zu entdecken, die immer wieder Exkursionsziel interessierter Naturfreunde sind. Stellvertretend für alle, vielleicht auch die schönste, sei hier die Küchenschelle (Pulsatilla vulgaris) genannt, die in den ersten Frühlingstagen ihre zarten Blüten vom harten Untergrund des Trockenrasens kontrastreich abhebt. Daneben können Mineralienfreunde, besonders in den Kalksteinbrüchen des Grünstadter Berges, neben zahlreichen Fossilien (Muscheln oder Schnecken), gewichtige Calcite sammeln. Auch reizt es sicher manchen Neugierigen, Kalksteinhöhlungen zu erforschen, wovon die größte – die Hohefels – am Südhang des Gerstenberges zwischen Asselheim und Mertesheim, fast unmittelbar im Anschluß an die den Hang emporkletternden Weinberge zu finden ist.
Was der Landwirt nicht nutzen kann, bietet dem Natur- und Sportsfreund Chancen. Daher haben sich schon seit den zwanziger Jahren dieses Jhdts., zunächst auf dem Grünstadter Berg, jetzt in besonders intensiver Weise auf dem Gerstenberg, die Segelflieger zusammengefunden. Wenn Witterung und vorhandene Thermik es erlauben, ziehen oftmals gleich mehrere der blitzenden Vögel ihre weißen Kreise in den blauen Himmel. Überlandflüge, die ganze Haardt entlang, der Weinstraße folgend, sind keine Seltenheit. Auch haben sich inzwischen Motorsportflieger dort niedergelassen. Der Grünstadter Berg dagegen ist in wachsendem Maße Tummelplatz der Modellflieger, die hier jährlich vielbeachtete Modellflugtage abhalten. Dem Spaziergänger der hier die kreisenden Flugzeuge beobachtet, klingt zudem der fast pausenlose Gesang trillernder Lerchen ins Ohr. Und sein Blick schweift abwechselnd über die Höhen des unermeßlich großen Pfälzer Waldes, die Senke des Eisenberger Beckens bis zum Donnersberg, oder ostwärts in die Ebene, bis zum Odenwald.

Pasque-Flower (Pulsatilla Vulgaris)

There are vast barren fields on the unwooded, stony ridges of Grünstadter Berg and Gerstenberg, the latter lying north of Grünstadt. However, botanical specialities thrive there, attracting nature lovers time and again. The pasque-flower is one of the first messengers of spring, forming with its delicate lilac flower a charming contrast to the rough ground. Lovers of minerals can gather fossils and heavy calzites in the limestone quarries. The large, open areas in the neighbourhood offer good opportunities for gliding and also for flying of powered aircrafts. Furthermore there is an "airport" for model aeroplanes on the Grünstadter Berg (Gruenstadt Hill).

Pulsatille (Pulsatilla vulgaris)

Sur leurs croupes pierreuses, le «Grünstadter Berg» et le «Gerstenberg», situé plus au nord, montrent de vastes terrains incultes. C'est là que les amateurs de nature trouveront de très rares espèces botaniques. Dès les premiers jours de printemps la pulsatille épanouit ses fleurs lilas aux pétales jaunes et ravit le spectateur par le contraste qu'elles forment avec les herbes feutrées.
Ceux qui préfèrent les minéraux peuvent collectionner, dans plusieurs carrières, des fosiles et de grandes calcites. – Ces terrains vides s'offrent également au vol à voile et aux planeurs à moteur auxiliaire; sur le Grünstadter Berg on a amenagé un terrain pour l'aéromodelisme.
Ainsi le promeneur peut-il à la fois jouir d'une vue étendue sur la plaine du Rhin et observer les aviateurs, les grands et les petits.

Wandmalerei in Mühlheim (Mitte 14. Jhdt.)

Das Eistal abwärts gelangt man zunächst nach *Albsheim*, 787 erwähnt. Frühzeitig schon ist Albsheim leiningisch; vom 14.–16. Jhdt. ist als Ortsadel »Reuß von Albsheim« bekannt. In der romanischen Kirche wurden 1955, auf der Wand über dem charakteristischen kleinen Chorbogen, mittelalterliche Wandmalereien entdeckt und restauriert. Sie waren um oder nach 1300 entstanden. Inzwischen ist festgestellt worden, daß diese Ausmalungen in ähnlicher Weise wie die Wandmalereien der Lübecker Marienkirche verfälscht wurden. Da Entdeckung und Restaurierung der Albsheimer Bilder fast unmittelbar nach Aufdeckung der Fälschungen des »genialen Betrügers« Malskat in Lübeck erfolgte, konnte nachgewiesen werden, daß der Albsheimer Restaurator die gleichen Techniken anwandte. Die sämtlich in einem Bildband über mittelalterliche Wandmalereien enthaltenen Vorlagen für die phantasievollen »Ergänzungen« sind ermittelt. Vielleicht reizt jedoch gerade die Tatsache der Manipulation manchen Interessenten zu einem Besuch.
Im Gegensatz dazu birgt die protestantische Kirche im anschließenden Dorf *Mühlheim* gotische Wandmalereien, deren Ursprünglichkeit erhalten geblieben und gesichert ist. Es handelt sich um die in der Pfalz besterhaltenen, zyklischen Schöpfungen von bedeutendem künstlerischen und kunstgeschichtlichen Wert. Sie entstammen etwa der Mitte des 14. Jhdts. Bei ihrer Entdeckung und – wenn auch noch unzureichenden – Wiederherstellung in den Jahren 1922/24 wurde der Bildbestand fotografisch gesichert, so daß bei den intensiven Ausbesserungsarbeiten, die 1958 ihren Abschluß fanden, trotz Teilnahme des erwähnten Albsheimer Restaurators an den Arbeiten, weder die figürlichen Malereien noch die Farbtönungen verändert werden konnten. Man kann in Mühlheim daher noch Bilder erleben, die in Form und Farbe, wenn auch mit den modernsten Mitteln konserviert, unverfälscht über die Jahrhunderte erhalten blieben. Aus dem Zyklus »Leben Jesu« sind am besten die an der Südwand dargestellte »Krippe« und die Szene »der Auferstandene erscheint als Gärtner Maria Magdalena« original zu sehen. In rot, blaugrau und ocker bilden die zarten Farbtöne mit den zum Teil gut erhaltenen feinen Gesichtern eine Gesamtansicht, die auf den Beschauer einen außergewöhnlichen Reiz ausübt. Maria liegt als Wöchnerin auf einer Art Diwan, während das schon äußerst lebhafte Kind aus der oberhalb angebrachten Krippe, aus der sich der Esel gerade mit Heu bedient, ihr zärtlich die Arme entgegenstreckt. Alle Bilder sind bunt eingefaßt, zu Füßen mit Vorhangelementen und Schachbrettmustern, zur Seite und darüber mit Farbbändern und Zickzackstreifen bis in das Gewölbe. Die Kirche, schon 766 als Basilika bezeichnet, wurde wieder in den Blickpunkt gerückt, als die Grafen von Leiningen-Heidesheim sie um 1620 als Schloßkirche für das nahegelegene Schloß Heidesheim umbauten und dort auch eine gräfliche Gruft anlegten.

Mural Painting in Mühlheim (Middle of the 14th Century)

Mural paintings, more or less in good condition, are to be found in many of the churches of the Leininger Land. In *Albsheim*, however, the pictures, discovered in 1955, were faked and copied from literature on the subject. This has been proved in the meantime. In *Mühlheim*, in the immediate neighborhood, it is different. The picture cycle from the middle of the 14th century, which is in excellent condition, was discovered there in 1922. Before a further careful renovation in 1958, a photographic record of the picture cycle had been made and published. The pictures are surrounded by colourful ornaments up to the ceiling of the choir. The former castle-church of the Counts of Leiningen-Heidesheim has a famous organ.

Peinture murale à Mühlheim (du milieu du 14e s.)

La plupart des églises du Leininger Land contiennent des peintures murales plus ou moins conservées. Parmi eux compte l'église d'*Albsheim* dont les peintures découvertes en 1955 furent altérées, la preuve en est donnée, d'après des modèles pris dans la littérature rélative. A *Mühlheim*, village avoisinant, cependant, le cas est différent. Le cycle de peintures du milieu du 14e s., découvert déjà en 1922 et en très bon état, fut retenu par photo et publié avant une seconde restauration minutieuse. La représentation de la Nativité du Christ est d'un charme touchant. Les peintures sont encadrées d'ornements polychromes montant jusqu'en haut du chœur. Ancienne chapelle de château des comtes de Leiningen-Heidesheim, l'église contient une orgue célèbre.

Orgel der Schloßkirche in Mühlheim

Im Jahre 1720 erhielt Mühlheims »Schloßkirche« außer einer neuen Innenausstattung mit Stuckdecke und barocker Deckenuhr eine Orgel der berühmten Orgelbauer Gebrüder Stumm aus Rhaunen-Sulzbach (bei Kirn an der Nahe). Die Orgel besitzt wegen ihrer Zungenpfeifen einen hohen kunsthistorischen Wert.

Die mit den umliegenden Dörfern sicher gleichaltrige Siedlung *Heidesheim* hat erst spät von sich reden gemacht. Zwar gab es im Mittelalter ein Zisterzienserinnen-Kloster, das der Abtei Disibodenberg zugehörte. Auch ist aus dem Jahre 1499 ein »Simon von Heidesheim« als herzoglich-zweibrückischer Beamter bekannt. Doch trat Heidesheim erst ab 1608 in den Vordergrund, als die Grafen Johann-Ludwig und Philipp-Georg zu Leiningen-Falkenburg darangingen, in Heidesheim – früher Heddesheim – ein Schloß erbauen zu lassen, das sie schon 1612 bezogen. 1632 soll das Schloß fest ausgebaut gewesen sein, und die Grafen hängten sich zusätzlich den Namen »Heidesheim« an ihre Titulatur. Gewissen literarischen Ruhm erlangte ein Hochzeitsgedicht, verfaßt im Jahre 1726 anläßlich der Vermählung von Christian-Karl-Reinhard, Graf zu Leiningen-Heidesheim, mit Catharina Polyxena, Gräfin zu Solms-Rödelheim. Sie wurden die Urgroßeltern der preußischen Königin Luise. Doch auch diese Linie starb aus und das Schloß kam 1777 in bürgerlichen Besitz. Im gleichen Jahr errichtete Dr. Karl Friedrich Bahrdt, mit Unterstützung des Grafen Leiningen-Dürkheim, eine Erziehungsanstalt für junge männliche Adlige. Unter den ersten Zöglingen befanden sich auch mehrere Angehörige englischer Adelsfamilien. Dieses Experiment – genannt »Philantropin« – scheiterte jedoch bald darauf infolge der unseriösen Geschäfts- und Erziehungspraktiken der Anstaltsleitung. – 1793 brannte das Schloß ab und mußte 1804 auf Abbruch versteigert werden. Seine Steine, wovon keiner auf dem anderen blieb, fanden überwiegend im nahe gelegenen Dirmstein Verwendung.

Weiter dem Laufe des Eisbaches folgend gelangt man nach *Colgenstein*, einem vor allem landwirtschaftlich orientierten Dorf. Die erste Erwähnung in einer Urkunde findet sich 991 als »Colugunstein«. Im Jahre 1256 schenkten die Brüder Werner von Bolanden und Philipp von Falkenstein, zusammen mit Philipp von Hohenfels, das Patronatsrecht der Kirche zu »Colgestein« dem Wormser Domkapitel. Ab 1496 gehörte die Kirche wieder zum Landkapitel (Neu-)Leiningen. Interessant ist der romanische Kirchturm. Seine in vier Geschossen übereinander angeordneten rundbogiger Fensterpaare erinnern an die Fenster des Domes zu Speyer. Auch steht hier ein beachtenswerter spätgotischer Taufstein (1509), der zeitweilig als Kanzelträger zweckentfremdet worden war und nun wieder in einer angemessenen Aufstellung zu bewundern ist.

Organ of the Castle Church in Mühlheim

Heidesheim, though founded earlier, came to the fore during 1680, when the Counts of Leiningen-Falkenburg had a castle built here. They called themselves Counts of Leiningen-Heidesheim. The great-grandparents of the Prussian Queen Luise lived here. This line became extinct in 1777, the castle passing into middle-class possession. Then for a short time a house of correction for young male noblemen was established, among which were also Englishmen. In 1793 the castle burnt down and the remains were removed. The Romanesque church of *Colgenstein*, having round arched pairs of windows arranged one on top of the other, has conformities in style with Speyer Cathedral. It contains a baptismal font in late Gothic style from 1509.

Orgue de la «Schlosskirche» à Mühlheim (ancienne église de château)

Bien que fondé plus tôt *Heidesheim* ne se fit connaître qu'en 1680. A cette époque les comtes de Leiningen-Falkenburg y firent ériger un château et prirent, par conséquent, le nom de Leiningen-Heidesheim.

C'est ici que résidèrent les arrière-grand-parents de la reine de Prusse, Luise. – Après l'extinction de la famille, en 1777, le château devenait propriété bourgeoise. Avant d'être ravagé par incendie, en 1793, et rasé ensuite, il abrita, pour une courte durée, une institution d'enseignement pour jeunes hommes nobles, parmi eux des anglais. – Les fenêtres superposées aux arcs en plein cintre, rangées par paires, donnent à l'église de *Colgenstein* une certaine ressemblance à la cathédrale de Spire. Les fonts baptismaux à l'intérieur sont une œuvre du gothique tardif.

Blick auf Obrigheim und Colgenstein

In der östlichsten Ecke des Leininger Landes, eingebettet in das Tal der Eis, die hier schon kräftig in Richtung Worms dem Rhein zustrebt, liegt *Obrigheim*, eine aufstrebende Gemeinde, deren gute finanzielle Situation nicht zuletzt der nahe gelegenen Zuckerfabrik, im Verband »Südzukker«, zu verdanken ist. Vom Herbst bis in den Winter hinein rollen per Bahn und Traktor die Zuckerrüben an, bestimmt die sog. »Zuckerkampagne« wesentlich den Lebensrhythmus von Land und Leuten. Die weiße Rauchfahne, während der ganzen Arbeitsperiode über dem Werk hängend, ist gleichsam das Signal für Anfang und Ende dieser Schlacht. Um die Luft künftig sauberer zu halten, wird dieses Zeichen demnächst entfallen. Seitdem die Zuckerfabrik in Frankenthal ihre Produktion eingestellt hat, ist die Bedeutung Obrigheims weiterhin gewachsen. Daß Obrigheim zunehmend Anziehungskraft entwickelt, zeigt sich auch am Besuch des schönen Saalbaues »Rosengarten«, in dem sich z. B. Meisterpaare in erlesenen Tanzturnieren messen.
Das seit dem 13. Jhdt. als »Obernkeim«, »Oberkem«, »Obricheim« bekannte Dorf mit Ackerwirtschaft und Weinbau, ist durch seine Lage im Eistal eng mit den Geschicken der anderen Eistaldörfer verbunden. Es ist am weitesten vom holzspendenden Wald entfernt und gehörte deshalb schon im Mittelalter, mit »Grinstat, Merteßheym, Aszelnheim, Almszhem, Mulhem, Colgensteyn, Hedeszhem und Obersultzen«, dem Verein der »Neunmärker« an. Dieser Zusammenschluß ist erstmalig aus einer Urkunde über das »Jahrgedinge« (Sitzung des Ortsgerichts) in Ramsen, vom 27. Januar 1390 bekannt (jetzt im Staatsarchiv in Speyer). Als eine Art Zweckverband sicherte er dem waldlosen, dafür weinreichen Landesteil die »Beholzungsrechte im Stamp«, dem heutigen »Stumpfwald«, an der nordwestlichen Grenze des Leininger Landes.
Der »Stamp« war, nach der fränkischen Landnahme (450–600), sogenanntes Königsland. Die Verbindung zum Kloster Ramsen läßt sich nach dem derzeitigen Stand der Forschung nur so herstellen, daß gemäß oben erwähnter Urkunde *»der liebe Ritter Jorge, der ein heilig man ist, obirst gerichtsherre of dem stamp über wasser und weide«* gewesen ist. Ramsen aber war, als Benediktinerinnen-Kloster, der Abtei des gleichen Ordens zum Hl. Georg im Schwarzwald unterstellt. Weiter stand dem Kloster Gorze bei Metz das Bannrecht über den vierten Teil des Stamp und über das Dorf »Isinburc« mit seinem Königshof zu. Es war ihm von Erzbischof Chrodegang von Metz übertragen worden. Für die Ordnung sorgte die weltliche Macht der Herrschaft Stauf, die dem Kloster zur Seite stand. Jedem Einwohner der neun Dörfer, der ein Fuhrwerk hatte und eine Holzabgabe, den sog. »holzhaberen« entrichten konnte, stand das Recht zu, Holz für den Haushalt sowie Bau- und Werkholz zu hauen. Gewisse Rechte und Pflichten der »Neunmärker« existieren heute noch.

View over Obrigheim and Colgenstein

A sugar factory is the main economic resource of the village *Obrigheim*. There the sugarbeets, grown everywhere in this region, are made into sugar from autumn until winter. Efforts of concentration have been of benefit to the factory. Cheerful festivities and dancing contests take place in a beautiful assembly hall. This region being without wood, Obrigheim and eight other communities united during the Middle Ages. They acquired the right to cut timber in the westernmost part of the Leininger Land, the Stumpfwald. The documents of this union give interesting insights into medieval customs. Partial rights and duties still exist today.

Vue sur Obrigheim et Colgenstein

La fabrication de sucre de la betterave au sucre raffiné est de haute importance économique pour *Obrigheim*. La «campagne des betteraves», cultivées aux environs, dure du début de l'automne jusqu'en hiver. L'usine d'Obrigheim a profité des tendances de concentration industrielle. –
A Obrigheim se font de joyeuses fêtes et des concours de danse dans une belle et grande salle. Manquant de bois sur son territoire le village s'est associé, dès le moyen-âge, avec 8 communes pour être permis de s'approvisionner de bois au Stumpfwald qui est situé à l'ouest du Leininger Land et qui fait partie de la Forêt palatine. Les documents de cette association permettent des aperçus intéressants sur les habitudes médiévales. Des droits et des obligations concernant cette convention subsistent encore de nos jours.

Faßboden in Bockenheimer Weinkeller

Der *Wein* ist das Lebenselexier dieser Landschaft. Insofern ist sie ein wesentlicher und untrennbarer Bestandteil des »Weinlandes Rheinpfalz«. Dem Winzer ist der Wein gar Lebensinhalt, sicherlich nicht der einzige, aber ein entscheidender. Und Winzer sind in dieser Gegend viele, teils im Haupt-, teils im Nebenberuf. Weinkenner sind sie alle, die hier leben, wenn auch mit Unterschieden. So erscheint der Wein auch auf vielen Seiten dieses Buches und es darf nicht verwundern, daß ihm, da er eine gar so gewichtige Rolle spielt, hier noch eine ganze Seite gewidmet wird.

Neunzehn der hier erwähnten Orte der Unterhaardt treiben Weinbau, auf einer Fläche von zur Zeit beinahe 22 Quadratkilometern. Während an der Unterhaardt früher überwiegend Rotwein produziert wurde, haben heute nur noch bei wenigen Anbaugemeinden die Portugieser-Reben den höchsten Anteil an der Anbaufläche, und dies auch nur noch mit 30 Prozent. In allen anderen Gemeinden haben die weißen Rebsorten gewonnen, allen voran die Müller-Thurgau-Rebe, eine Kreuzung von Riesling und Silvaner, die einen gut ausreifenden, milden Wein liefert. – Dem milden Wein entspricht das Klima der vom Haardtgebirge geschützten Rheinebene, in dem selbst Mandeln und Feigen reifen und wo der langjährige Temperaturdurchschnitt – vergleichbar südlichen Reisezielen – 11 Grad Celsius beträgt. In den heißen Juli- und Augusttagen muß der Vorderpfälzer schwitzen, »daß der Wein was wird« und im noch sommerlichen September bringt jeder Sonnentag einen Zuwachs um ein Grad nach Öchsle. Klima und qualitativ hochwertige Böden sind die materiellen Voraussetzungen für die geschätzte Eigenart des hiesigen Wachstums.

Der unermüdliche Fleiß des Winzers, der trotz moderner Maschinen noch gefordert wird, ist die andere Bedingung für einen guten Erfolg. Schon im Winter beginnen die Arbeiten im Weinberg mit dem Rebschnitt, setzen sich dann fort im Frühjahr, wenn die jungen Triebe hell in der Sonne »scheinen«, sie gehen weiter in der Rebblüte im Juni, die gegen Schädlinge geschützt werden muß, wie auch das ins Kraut schießende Laub eine ordnende Hand benötigt, und hören nicht auf, wenn in Sonnenglast und drückender Hitze die Trauben ihrer Süße entgegenreifen. Bis zur zwar viel besungenen, aber bei schlechter Witterung mühevollen und beschwerlichen Traubenlese. Wenn dann der Duft des jungen, gärenden Weines durch die abendlichen Gassen zieht, die »Straußwirtschaften« einladend winken, dann beginnt die Kellerarbeit, die in hervorragender Weise in den zahlreichen Weinbaubetrieben und den Winzergenossenschaften geleistet wird, um die spezielle Eigenart jedes Weines auszubauen und ihn zu höchster Reife zu bringen. So liebevoll, wie der kunstfertige Meister den Faßboden eines Bockenheimer Fasses verziert hat, will der Wein gepflegt sein, damit der herausgeschnitzte Spruch Wahrheit wird: »Gepreßt aus seinen Hüllen, springt gleich einem Füllen, der Traube Saft. Gefüllt ins Faß, wird drinn' zu Wein, der eingefangene Sonnenschein!«

Wine-cask End in Bockenheim

Wine is the elixier of life of this region, belonging to the "Weinland Rheinpfalz". 19 of the villages of the Unterhaardt, mentioned here, grow wine over an area of nearly 22 km^2 (about 8.5 square miles). Whereas mainly red wine was grown here in former times, white wines of high quality are produced nowadays. The vine, mostly cultivated here, is Müller-Thurgau, a cross between Riesling and Sylvaner. It yields a mature, mild wine. The mild climate, which also allows almonds and figs to ripen, improves the characteristic features of the local wine.

The beautiful barrel lies in a Bockenheim wine cellar and is still in use.

Fond de tonneau à Bockenheim

Le vin est l'élixier de cette contrée qui appartient au «Weinland Rheinpfalz» (région viticole du Palatinat rhénan). Parmi les lieux de l'Unterhaardt cités ici comptent 19 qui cultivent la vigne sur un territoire d'environ 22 km^2. Ici aussi, les vins blancs ont repoussé les vins rouges. Le cépage préféré, le Müller-Thurgau, résulte d'un croisement entre le Riesling et le Sylvaner et donne un vin mûr et souple. La douceur du climat qui fait mûrir même des amandes et des figues favorise la particularité des vins locaux.

Le tonneau au fond richement décoré se trouve dans une cave à Bockenheim.

Gepreßt aus seinen Hüllen springt gleich einem Quellen-
der Traube Saft
19 33
Gefüllt ins Faß wird drinn zu Wein-
der eingefangene Sonnenschein!

Bockenheim, St. Martin mit Schloßtor

Von Obrigheim wenden wir uns nun dem nördlichen Rand des Leininger Landes zu, nach *Bockenheim*. Hier, an der früher auch politischen Grenze zu Rheinhessen, mit den dort auch von Geschmack und Art her anderen Weinen, beginnt das pfälzische Weinland und beginnt die »Deutsche Weinstraße«, die an der französischen Grenze bei Schweigen endet. Ihr Gegenstück findet sie in der elsässischen »Route du Vin«. Hier im Norden sind das ehemalige Rheinhessen und die Pfalz im Bundesland »Rheinland-Pfalz« zusammengeschlossen.
Mit über 350 Hektar Rebland und volltönigen Namen der Weinlagen, wie »Schloßberg«, »Vogelsang«, »Sonnenberg«, »Goldgrube« und »Klosterschaffnerei«, hat der Weinbau hier den landwirtschaftlichen Löwenanteil und prägt sowohl das Gemeinde-, wie das gesellschaftliche und kulturelle Leben. Versammeln sich doch anläßlich des »Bockenheimer Winzerfestes« im Oktober hier Sänger und Mundartdichter aus allen deutschen Landschaften, um Land und Leute, vor allem aber den Wein und die ihm entströmende Lebensfreude zu preisen. Kein Wunder, daß dieses 4 Tage währende Fest Tausende von Besuchern anzieht, die sich vom süffigen Wein und pfälzischer Fröhlichkeit auf geschichtsträchtigem Boden verzaubern lassen.
Und Geschichte hat sich auch hier abgespielt. Die seit 1956 zusammengelegte Gemeinde teilte sich früher in die Orte Groß- und Kleinbockenheim, die trotz mancherlei Verschiedenheiten vielfach das gleiche Schicksal erlitten. – Die Geschichte der Dörfer kann weit zurückverfolgt werden, erscheinen doch »Buckenheim« oder »Buggenheim« schon in Urkunden des Klosters Lorsch von 769 und 804. Im Jahre 1143 finden sich Erwähnungen über Besitzungen der Klöster Höningen und der Prämonstratenser-Abtei Wadgassen (1196). Erstmals in der Urkunde der Leininger Erbteilung von 1318, zwischen Friedrich V. und Jofried (Neubildung der Linie Leiningen-Hardenburg), wird zwischen dem »Großen Buckenheim« und dem »Cleinen Buckenheim« unterschieden. Wann die ersten Befestigungen angelegt wurden und wann eine erste Burganlage erbaut wurde, ist nicht bekannt. Neuerdings vermutet man hier sogar eine Karolingische Gründung. – Die Martinskirche wurde erstmals in der Urkunde von 1196 erwähnt und entspricht, auch nach ihren Stilmerkmalen, den Anfängen des 13. Jahrhunderts. Zahlreiche stilistische Verbindungen zur Prämonstratenser-Schwesterkirche in Enkenbach sind festzustellen. Es ist anzunehmen, daß der wehrhafte Bau, mit erhaltenem Turm sowie Mauerresten der Befestigung unmittelbar daneben, einst die erste Wehr- und Burganlage bildete. – Im Inneren der Kirche befinden sich Wandmalereien, die jedoch nur teilweise erhalten sind, so im Chor ein figurenreicher Christuszyklus.

Bockenheim, St. Martin's Church with Castle Gate

The "Deutsche Weinstrasse" begins at *Bockenheim* and ends at Schweigen on the French border. Its Alsatian counterpart is the "Route du Vin". The former border between the provinces Rheinhesse and Palatinate, now united in "Rheinland-Pfalz", a Land of the Federal Republic of Germany, ran near this village. With 350 hectares (864,850 acres) of vineyards this village is one of the large wine-growing municipalities of the Palatinate. Singers and poets of local dialect meet with thousands of visitors mainly to praise the wine during a cheerful contest on the occasion of the "Bockenheimer Winzerfest", held in October. Protestant St. Martin's Church of 1196, containing the mural paintings of a monumental cycle of Christ, was part of the local fortification.

Bockenheim: portail de l'ancien château et église St. Martin

Bockenheim est situé sur l'ancienne frontière entre les provinces de Rheinhessen et de Pfalz qui aujourd'hui font partie du Land de Rheinland-Pfalz (Rhénanie-Palatinat). C'est ici que commence la route allemande du Vin qui s'achève à Schweigen. Elle trouve son pendant dans la route du Vin d'Alsace. Le lieu dont le vignoble s'étend sur 350 hectares appartient aux plus importantes communes viticoles du Palatinat. A l'occasion de la fête des vignerons, le «Bockenheimer Winzerfest», en octobre, des milliers de visiteurs se donnent rendez-vous avec des chanteurs et des poètes écrivant en dialecte pour faire, dans un concours folklorique, l'éloge du vin.
L'église St. Martin, erigée en 1196, appartenait à la fortification du bourg et montre, dans son intérieur, des peintures murales représentant un cycle monumental du Christ.

Traubenmadonna in Bockenheim

Der Turm der – heute protestantischen – Kirche wurde im Jahre 1460, so besagt es eine bei der Wiederherstellung 1518 angebrachte Inschrift, beim Sturm des Pfalzgrafen auf die von den Leiningern verteidigten Dörfer zerstört, womit eine im Anschluß daran bei Pfeddersheim verlorene Schlacht der Leininger eingeleitet wurde. 1471 erhielten die Leininger Klein-Bockenheim zurück und bauten Dorf und Befestigung wieder auf. 1502 errichtete Graf Emich VIII. dort die sogenannte Emichsburg. Bei der zweiten Leininger Teilung (1560) kam Klein-Bockenheim zur Linie Leiningen-Hardenburg-Dagsburg. Ab 1593 bauten diese Herren die Burg weiter aus. Die Arbeiten zogen sich – erhaltene Handwerkerrechnungen belegen dies – über Jahrzehnte hin. Aus dieser Zeit stammt das gut erhalten gebliebene Hoftor mit seinen Säulen als Rahmung und den hübschen Rosetten. 1688 zerstört, Anfang des 18. Jhdts. nur notdürftig instandgesetzt, erfolgte ein Neubau der Burg erst etwa ab 1730 durch Graf Karl Ludwig, der abwechselnd in dem Neubau und in Battenberg residierte.

Aus der Tatsache, daß es sich um zwei Dörfer gehandelt hat, erklärt sich das Vorhandensein einer weiteren protestantischen Kirche, die 1710 erbaut wurde. Die gleichnamige katholische Lambert-Kirche etwas oberhalb ist die Heimstatt einer für diese Landschaft bezeichnenden und liebenswerten Kultfigur: Diese Madonnenfigur war vermutlich einst das Gnadenbild der etwa einen Kilometer westlich des Ortes auf dem Berg gelegenen Wallfahrtskapelle mit Quelle, der »Kirche des hl. Petrus und Paulus zu den Stufen der allerseligsten Jungfrau Maria«. Die »Traubenmadonna«, wie sie im Volksmund heißt, ist ein Sinnbild dafür, wie der christliche Glaube hier den Alltag der Menschen, der zu einem erheblichen Teil Arbeit im Weinbau bedeutet, erfaßte und hinaushob in die Sphäre der Verklärung. Der Jesusknabe hält eine Weintraube in der Hand, die schönste und vor allem wirtschaftlich bedeutendste Frucht dieser Landschaft. Das Kind hat davon eine Beere abgepflückt und streckt sie – in kindlich spontaner Geste und unter mütterlich wissendem Lächeln – dem Beschauer entgegen, mit der Traube den Reichtum dieses Landes dem Gaste darbietend. So ist dieses Bild, bei aller religiösen und mystischen Ausdeutbarkeit, auch ein einfaches menschliches Symbol für die Gastfreundlichkeit hierzulande, wo – aus der berufensten Hand, die unser Kulturkreis kennt – in geradezu kindlicher Freude dem Gast das Beste gereicht wird, was der mühsamen Arbeit entspringt. Der Name des Meisters ist unbekannt. Die Wissenschaft datiert das Werk, eine Lindenholzarbeit, um 1480. Es wird angenommen, daß die Figur mit dem Altar aus der Wormser Lambertkirche, wahrscheinlich im Jahre 1741, ihren Weg nach Bockenheim gefunden hat. Mag diese Frage offen bleiben. Jedenfalls kann am Beginn der »Deutschen Weinstraße« eigentlich kein würdigeres Symbol stehen als diese einladende und Trauben spendende Madonna mit Kind.

"Grape Madonna" in Bockenheim

The fortifications were converted into a castle in 1502 and enlarged at the beginning of the 17th century. The well preserved yard gate with its pillars and rosettes dates back to that time. The villages Kleinbockenheim and Grossbockenheim, united nowadays, possess a statue of the Virgin Mary, which stands in the Catholic church of Bockenheim. Made about 1480, it was presumably for a long time the statue of St. Mary with the power to work miracles and belonged to a pilgrimage chapel on the hill. It is called "Traubenmadonna", because the child is holding a bunch of grapes in one hand, while it is offering a picked grape to the beholder with its other hand.

Madone dite «Traubenmadonna» à Bockenheim

En 1502 les fortifications furent complétées d'un château fort et amplifiées au début du 17e s. De cette époque subsiste le portail sculpté, décoré de colonnes et de rosettes bien conservées.
A présent, les bourgs de Kleinbockenheim et de Großbockenheim sont unis.
L' église catolique abrite la sculpture en bois d'une Vierge datant de 1480. On présume qu'elle était longtemps image miraculeuse d'une proche chapelle de pèlerinage. Elle est dite «Traubenmadonna» parce que l'enfant, tenant dans une main une grappe de raisin et présentant de l'autre au spectateur un grain qu'il vient de cueillir, semble offrir, par ce geste généreux, le meilleur et plus précieux don de ce pays.

Kindenheim, Judenfriedhof

Über die Pfalz, insbesondere die Rheinebene, wird vielfach außer von einem »Grenzland« auch von einem »Durchzugsland«, einer »Bühne der Völker- und Stammesgeschichte« gesprochen. Zuckmayer nennt sie (in »Des Teufels General) »Völkermühle und Kelter Europas«. Alle diese Bilder wollen die Heerzüge verdeutlichen, die Völkerwanderungs- und Kolonistenströme, die in diesem Gebiet wie in kaum einem anderen deutschen Landstrich zusammentrafen, durcheinanderflossen, sich verbanden und durchdrangen. So ist die heutige Bevölkerung blut- und abstammungsmäßig geprägt von Kelten, Römern, Alemannen, Franken wie ebenso alle deutschen Stämme hier vertreten sind. Von den Völkern der alten Welt haben alle – bis auf die Türken – ihre Spuren hinterlassen, wobei nun auch dieses fehlende Kapitel anscheinend schon geschrieben wird. Nach dem zweiten Weltkrieg hat die Pfalz als neue Heimat weit über 100 000 Menschen aus Mitteldeutschland, Ost- und Süd-Osteuropa aufgenommen. Auch alle Ansiedlungen des Leininger Landes zeugen von diesen Völkerströmen, spiegeln, mal mehr, mal weniger, Abläufe geschichtlicher Ereignisse und die mit ihnen verbundenen menschlichen Geschicke wieder. Bei der Schilderung der jeweiligen Ortsgeschichte tauchen fast stets die gleichen Schicksalsdaten auf und unterstreichen den engen Zusammenhang.

Eine Sonderrolle in diesem Vorbeizug der Völker und Rassen spielen die Juden, weniger wegen ihrer Rolle in der Geschichte des Christentums, sondern weil sie über die Jahrtausende in Erscheinung traten. Ohne ihre Eigenart aufzugeben oder sich zu vermischen, haben sich die Juden, als zwar kleiner, aber stetiger Bevölkerungsteil, erhalten. Daran konnten auch die immer wieder auftretenden Verfolgungen nichts ändern. Während z. B. im Jahre 1749 in Grünstadt – diese Zahlen können stellvertretend für das Leininger Land stehen – 121 Juden (5,5%) ansässig waren, erreichte der Prozentsatz 1834 mit 7,689% und 458 Personen seinen Höhepunkt. Im Jahre 1939 waren letztmalig noch 6 jüdische Einwohner gemeldet. – So wie die Juden ihre Volkseigenheiten bewahrten, haben sich auch ihre Begräbnisstätten erhalten. Im Leininger Land werden noch einige ihrer Friedhöfe von der Allgemeinheit gepflegt. Einer davon, dem der Fotograf einen besonderen bildlichen Reiz abgewinnen konnte, liegt in *Kindenheim* und erzählt dem aufmerksamen Besucher die Geschichte vom Werden und Vergehen und dem wechselvollen Schicksal eines Volkes. – Der größte Judenfriedhof Deutschlands liegt nicht sehr weit davon, in Worms.

Kindenheim, am Kinderbach, ist der nördlichste Weinort des Leininger Landes und Bindeglied zum »Zeller-Tal«. 123 Hektar Rebland, mit vorzugsweise Müller-Thurgau-Reben auf tonigen Lehmböden, liefern mit der Großlagenbezeichnung »Grafenstück« ausgezeichnete Weine.

Kindenheim, Jewish Graveyard

The Palatinate as a borderland has often been called a “land of passage” and a “stage for the history of peoples and tribes”. In “The Devil’s General” Zuckmayer called the whole Rhine valley a “mill and press of peoples”. He was speaking of the streams of peoples during the migration of nations, and the colonists, which met here, strayed about in confusion, united and intermingled. Celts, Romans, Alemannians, Franconians, and all the other German tribes and European peoples were present here. The Jews, who have never given up their characteristics, played a special part. Their separate cemeteries are still preserved and well kept. The largest Jewish cemetery in Germany is in Worms, the one illustrated here being situated at *Kindenheim* in the middle of fields and vineyards.

Kindenheim: cimetière juif

Le Palatinat, pays frontière, est très souvent dit «pays de passage» ou «théâtre de l’histoire des peuples et des tribues». Dans son drame «Des Teufels General» le poète Carl Zuckmayer décrit la plaine rhénane comme «moulin et pressoir des peuples européens» se référant ainsi aux grandes invasions de peuples et de colonistes qui rencontrèrent ici, se mêlant, se pénétrant et s’assimilant. Celtes et Romains, Alamans et Francs ainsi que tous les peuples de l’espace germanique et européen se donnèrent rendez-vous ici. Un rôle particulier revient aux juifs qui ne cédèrent jamais leur individualité et dont les cimetières, situés à part, sont conservés et soignés jusqu’à présent. Le plus grand cimetière juif se trouve à Worms. Le cimetière à droite est situé près de *Kindenheim*, entouré de champs et vignobles.

פ נ
דוד בר אברהם איש תם
וישר ירא שמים ורודף שלום
ת נ צ ב ה
Hier ruht in Gott
geliebter Gatte u. Vater
David Eckhaus
geb. 27. Nov. 1840
zu Kl. Bockenheim

Kirche von Quirnheim

Das Eistal verengt sich hinter Asselheim in Richtung Westen zu einem schmalen Einschnitt, dessen Hänge sich bei Mertesheim etwas abflachen. Erst bei Ebertsheim jedoch beginnt sich das Tal wieder zu erweitern, bis es sich voll zum Eisenberger Becken ausweitet. Der nächste Ort im Tal ist *Mertesheim*. Der Name ist eindeutig mit St. Martin, einem in dieser Gegend häufig verehrten Heiligen verbunden, wie auch die vielen Martinskirchen bezeugen. Die ursprüngliche Kirche wurde ausweislich einer Urkunde 836 dem Martinskloster zu Glandern (bei Metz) geschenkt. 1212 überließ Lupoldus, Bischof von Worms, dem genannten Kloster neben den Einkünften aus »Merinisheim« noch diejenigen aus der Kirche St. Martin in »Grindestat«. Im 17. Jahrhundert wurde die Kirche eine Wallfahrtsstätte zum Hl. Valentin, dessen Andenken bis heute als Patronatsfest gefeiert und mit einem besonderen, vor allem von den Kindern hochgeschätzten Gebäck, dem »Valentinchen« – einem süßen Hefeteig-Männchen – geehrt wird.

Ebertsheim, ein Ort mit überwiegend ländlichem Charakter, wurde schon 765 im Codex des Klosters Lorsch erwähnt als »Eberolfesheim«, »Ibersheim«, danach 1362 »Ebernsheim«. Es gehörte zum Besitz der gräflichen Linie Leiningen-Westerburg. Das Kloster Höningen besaß schon 1305 das Recht des Pfarrsatzes. Die heutige protestantische Kirche stammte aus dem Jahre 1496, der Turm vermutlich noch aus dem 12. Jahrhundert. Neben dem Südportal ist eine spätgotische Sonnenuhr eingeritzt. – Mit einer Papierfabrik hat sich etwas Industrie niedergelassen; im Talgrund entsteht ein neues Bebauungsgebiet.

Direkt nach Norden führt die Straße den Berg hinauf, zu dem nur noch als Hof erhaltenen ehemaligen Dorf *Boßweiler*. Den Namen finden wir schon 767 im Codex des Klosters Fulda (als »Buchsolare«), 780–854 im Lorscher Codex als »Buxlare«, dann 1453 als »Bußwiler« in einer Belehnungsurkunde des Grafen Hesso. Im 30jährigen Krieg wurde das Dorf fast vollständig vernichtet. Seit 1672 war Boßweiler im Besitz des Freiherrn Merz von Quirnheim. Die 1700–1707 von ihm erbaute Kirche mit ihrer barocken Fassade und einem modernen, seitlich angebauten Turm, ein reizvolles Bild in der Landschaft, enthält einen Hinweis auf den hingerichteten Widerstandskämpfer des 20. Juli 1944 aus dieser Familie.

Weiter, den Berg hinauf, windet sich die Straße nach *Quirnheim*. Seine zierliche Kirche wirkt als feine, geschlossene bauliche Einheit. Wehrhaft der Turm aus dem 12. Jahrhundert mit kleinen schlitzartigen bzw. runden Öffnungen; er erhält durch den neuzeitlichen Spitzhelm eine kecke Note. Chor und Langhaus mit spätgotischem Rippenkreuzgewölbe werden außen von Strebepfeilern gestützt, die zum Chor hin zweigeschossig gestaltet und mit geschweiftem Pultdach versehen sind.

Quirnheim Church

The Eistal narrows after Asselheim to become a slender valley, its slopes flattening out just before *Mertesheim*. It opens at *Ebertsheim* into the Eisenberg Basin. Mertesheim and Ebertsheim, having a predominantly rural character, have been known since 836 and 765. From Ebertsheim directly northward and up the hill one reaches *Bossweiler*, destroyed completely in the Thirty-Years' War. Today it consists only of some farms. It was owned by Freiherr von Metz von Quirnheim. A plaque in the church, built by him at Bossweiler, reminds of the executed member of the resistance of July 20th, 1944, who belonged to this family.

Eglise à Quirnheim

Quittant Asselheim la vallée de l'Eis forme une gorge dont les versants s'aplatissent peu à peu et qui, à partir d'Ebertsheim, s'ouvre vers le bassin d'Eisenberg. A *Mertesheim* et *Ebertsheim*, connus depuis 836 et 765, l'agriculture prédomine. Partant d'Ebertsheim en montant la colline vers le nord on gagne Bossweiler, village qui fut prèsqu'entièrement anéanti pendant la Guerre de Trente ans et dont ne subsistent que quelques fermes. Plus tard, le lieu devint domaine du baron Merz von Quirnheim. Dans l'église qu'il fit ériger à Bossweiler une plaque commémorative rappelle l'exécution d'un résistant du 20 juillet 1944, membre de cette famille.

Rathaus in Rodenbach

Kirche und Dorf erscheinen im Lorscher Codex schon 770. Im Inneren der Kirche befinden sich Ölgemälde, die den Malern Johann Ludwig oder Johann Conrad Seekatz von Grünstadt zugeschrieben werden. Das Dorf Quirnheim hat, nach der Reduzierung Boßweilers bis auf den heutigen Umfang, erheblich an Bedeutung gewonnen. – Die Klöster Höningen, Rosenthal und Hertlingshausen hatten hier Besitzungen. 1672 schenkte Graf Ludwig Eberhard aus der Linie Leiningen-Westerburg dem kurmainzischen Kanzler Quirin Merz das Dorf. Der ließ im 17./18. Jahrhundert das Schloß, den sogenannten »Quirnheimer Hof« bauen, wie er auch in Grünstadt das Kapuzinerkloster und die katholische Kirche ausgebaut hat. Der ausgedehnte Gutshof, ein gefälliger zweigeschossiger Bau mit Mansardendach, jetzt in bürgerlichem Besitz, wurde Anfang des 19. Jahrhunderts (1806) umgebaut.

An dem vom Kloster Rosenthal kommenden Rodenbächlein liegt das Dörfchen *Rodenbach*, eine idyllisch gelegene Landgemeinde, die sich unweit von Ebertsheim in die flache Rinne des Rodenbachtales schmiegt. Dieses Dorf ist ein Beweis dafür, daß schon lange vor dem Mittelalter nicht nur der Eistalgrund bewohnt und bewirtschaftet war, sondern auch die mittlere und die obere Hanglage des Eisenberger Beckens. Die königliche Siedlung Rodenbach wurde 976 von Kaiser Otto II. seinem getreuen Giso (oder: Biso) geschenkt. Danach leiningisch, ging sie nach Landgraf Hesso's Tod an die Kurpfalz über. Der 30jährige Krieg hat auch Rodenbach verkleinert und zwar so sehr, daß die Pfarrei aufgelöst und damals Groß-Bockenheim zugeteilt wurde.

Neben dem jetzt wieder schön restaurierten Rathaus, dessen Gemeindesaal bis zum Neubau einer katholischen Kirche den Katholiken als Notkirche diente, bietet insbesondere der Turm der protestantischen Kirche aus dem 12. Jahrhundert für die Kunsthistoriker interessante Aufgaben und noch immer nicht ganz gelöste Rätsel. Da sind einmal die über den ganzen Turm verbreiteten Menschen- und Tierköpfe, von denen die Gelehrten nicht wissen, ob sie einem »Abwehrzauber« entspringen oder ob es zufällig vorhandene und wieder verwendete Werkstücke waren, die zur Verzierung dienten. Für den Abwehrzauber spricht, daß die Angst die Menschen der damaligen Zeit nicht minder quälte als uns heute – nur daß wir wissen, wie wenig solche Mittel Abhilfe schaffen können. – Da ist zum anderen an der Ostseite des Turmes ein romanisches Relief zu sehen, eine »in fünfeckige Umrahmung eingeritzte Figur in der Haltung eines Gekreuzigten«. Vergleichbares findet sich nur noch an einem Türsturz der Burgruine Waldschlössel bei Bergzabern. Die landläufig verbreitete Meinung eines »Spottchristus«, ähnlich den Spottzeichnungen auf dem römischen Palatin, wird von den Fachleuten nicht geteilt. Die Ungelöstheit der Rätsel machen diese Vergangenheitsrelikte für den Beschauer nur noch interessanter.

Village-hall in Rodenbach

The church of Quirnheim (page 75) is a delicate structure, its pointed spire conveying a serene charm. In 1672 Count Ludwig Eberhard of Leiningen-Westerburg gave the village to Chancellor Merz of the Electorate of Mainz, who then built a castle, the "Quirnheimer Hof". In the Middle Ages the Eisenberg Basin was inhabited not only at the bottom of the Eistal, but also in the middle of the slope and at the top of the hill. *Rodenbach*, an interesting village, lies in a flat valley halfway up. The spire of the Protestant church is a mystery to art historians. The small townhall gives a peaceful impression.

Mairie à Rodenbach

Le charme allègre de la flèche de son clocher augmente encore l'impression de gracilité de l'église de Quirnheim. En 1672, le comte Ludwig Eberhard de Leiningen-Westerburg donna le village au chancelier de Mayence électoral, Merz. Celui-ci fit construire un château, le «Quirnheimer Hof». A Grünstadt il érigea l'église du monastère des capucins qu'il soutenait. Au moyen-âge, le bassin d'Eisenberg n'était pas seulement colonisé au fond de la vallée mais aussi à mi-pente et sur les crêtes.

Rodenbach, village intéressant, est situé à mi-côte dans une plate vallée latérale. Le clocher de son église donne à penser aux historiens d'art; la petite mairie ravit par son air agréable.

16

»Kerweborsch und Kerweredd«

Die dörfliche Zeitrechnung ist – wie die doppelte Buchführung – zweigeteilt. Da rechnet man, so man Landwirt ist, mit den Jahreszeiten, dem Säen und Ernten oder von Martinstag bis Martini des nächsten Jahres. Die andere Zeitrechnung, und die gilt für alle Dorfbewohner, umfaßt den Zeitraum von »Kerwe zu Kerwe«. Den normalen Kalender kann man vergessen; er ist jedenfalls für das »dörfliche Zeitgefühl« nicht von Belang.
Die *»Kerwe«*, hochdeutsch: Kirchweihe, ist das höchste Fest des Dorfes, so wie der Rosenmontagszug das »Fest der Feste« am Rhein darstellt. Die Kirchweihe ist die Wiederkehr des Jahrestags der Weihe des örtlichen Gotteshauses auf den Namen eines Heiligen, der der Gemeinde Vorbild und Schutzpatron sein sollte. Wie fast alle Feste unseres Kulturkreises hat die Kerwe also einen religiösen Hintergrund, wenn sich dies auch manchmal kaum noch vermuten läßt. Daß die Kerwe dennoch mehr ist als Karussell und Tanzmusik, zeigen die vielen »Kerwebräuche«, die örtlich in guter Traditionspflege gedeihen und nicht nur erhalten sondern sogar weiterentwickelt werden. Da findet z. B. in Asselheim am Kerwedienstag, dem festlichen Ausklang der mehrtägigen Feier, das schon erwähnte »Schubkarchrennen« statt, wo die Burschen – und im Zeichen der Gleichberechtigung auch die holde Weiblichkeit – im Wettlauf mit Zeit und Gewicht sowie Tücke der Fahrbahn um den Sieg ringen. Da gibt es aber auch in fast jeder Gemeinde, sicherlich einem dringenden Bedürfnis entsprechend, den Brauch der »Kerweredd«, die von einem (oder mehreren) »Kerweborsch« gehalten wird. (Für ganz Uneingeweihte: es geht um eine »Kirchweih-Rede« und um »Kirchweih-Burschen«). Hier zeigt sich der Charakter der Kerwe als Zeitrechnung so richtig deutlich, wird doch das dörfliche Geschehen von »Kerweredd zu Kerweredd« unter die Lupe genommen und alles, was in diesem Zeitraum aus dem Rahmen gefallen ist, glossiert und kritisch beleuchtet. Gerade darin aber liegt der Sinn und die Bedeutung für die dörfliche Gemeinschaft, weil hier, von Mal zu Mal, wieder aufs neue an dem Rahmen herumgebastelt wird, der alles hält und der als das Normalmaß angesehen wird. Jede Kerweredd ist demnach eine Neukodifizierung der jeweils geltenden Fassung des örtlichen Rechts, der ortsgebundenen Begriffe von Sitte und Anstand, laut und leise, normal und abnormal, Auffälligkeit und Duckmäuserei und so fort, bis hin zur Neufestsetzung eines örtlichen (Straf-)maßes an Verachtung und Lächerlichkeit, das die Öffentlichkeit durch den Mund des Kerweburschen bekannt gibt. Womit die Ventilfunktion der »Kerweredd« bewiesen wäre. Mit einem Wort: »Kerweredd muß sei!!« Wem es nicht gefällt, der kann mit Wein gründlich nachspülen. Mit dem »Kirchheimer Markt« beginnt im Leininger Land der Kerwereigen, der sich bis in den Herbst hinein fortsetzt. Die »Nachkerwe« aber, am Wochenende nach dem eigentlichen Fest, ist die immer noch nachklingende Erinnerung an die kirchliche Feier der »Oktave«.

"Kerweborsch" and "Kerweredd"

The kermess, in Palatinate dialect "Kerwe", is the most important festive occasion of every village. The religious origin can hardly be perceived any more. The village events of the past year are commented in an amusing and critical way in many of the villages, thus being an opportunity to let off steam, which is good for the community. Nowadays the kermess is combined with a wine festival in almost every wine-growing municipality. Old customs are also cultivated and encouraged mainly by the young people. In June the "Kirchheimer Markt" opens the kermess season in the Leininger Land, which continues until autumn.

Allocution de kermesse

La kermesse, dite «Kerwe» en dialecte palatin, est la plus grande fête de chaque village mais prèsque rien ne rappelle son origine religieuse. En plusieurs villages il y a la coutume de faire une allocution: on glosse les événements ruraux de l'année passée et les commente d'une critique amusante. Cette coutume sert à la fois à l'élimination de désaccords et à faciliter la vie collective.
De nos jours, les communes viticoles y joignent une fête aux vins lors de laquelle les vignerons invitent dans leurs cours et tavernes de dégustation. Ce sont avant tout les jeunes gens qui cherchent à préserver les coutumes traditionelles. – En juin, la foire de Kirchheim ouvre la ronde des kermesses du Leininger Land qui ne se ferme qu'en automne.

27. Aug.
28. Aug.
GRILL

Blick ins Eisenberger Becken und zum Pfälzer Wald

So »tief im Tal« liegt der Ort eigentlich gar nicht, wie der Name *Tiefenthal* dies vermuten läßt. Vielmehr grüßt von der 1931 erbauten katholischen Kirche ein Zwiebelturm – in dieser Gegend eine Seltenheit – von halber Höhe hinunter nach Hettenleidelheim (vgl. Seite 84), ins Eisenberger Becken, und winkt den gegenüberliegenden Orten des Gerstenberghanges. Auch die protestantische Kirche ist erst von 1767, hat also die mittelalterliche Wallfahrtsblüte des Ortes nicht erlebt. Zwei ewige Messen, die die Grafen Friedrich der Ältere (Domprobst in Worms) und Friedrich der Junge (VIII.) mit Urkunde vom 24. Juni 1362 dem sogenannten »Seelengerete« stifteten, förderten die schon seit langem hier gepflegte Wallfahrt zu dem »Gottes Haus unserer lieben Frau zu *Dyefendal* hinter der *Nuwenliningen* gelegen«. Diese Stiftung wurde »finanziert« durch »Korn und Weingülten«, aus den Besitzungen der Grafen in fast allen umliegenden Dörfern. Es ist anzunehmen, daß das Beten um das Seelenheil hier besonders notwendig war, da die Scharfrichter der Grafschaft sowohl in Neuleiningen als auch insbesondere in Tiefenthal ansässig waren, wie durch zahlreiche Urkunden belegt. – Erwähnenswert ist die Kanzel in der protestantischen Kirche, mit reichen Renaissanceschnitzereien und eingelegten Füllungen aus dem frühen 17. Jahrhundert. Die zuerst genannte katholische Kirche beherbergt eine Marienfigur von 1680 und ein sehenswertes Holzrelief des Hl. Georg mit Burg und Königstochter im Hintergrund, dessen Entstehung man um 1470 vermutet. Von Tiefenthal gelangt man über den »Nackter Hof«, eine kleine Gutssiedlung inmitten von Hackfrucht- und Getreidefeldern (im Mittelalter kurz »Nag« genannt und damit dem Begriffe der »Nacktheit« wohl nicht verbunden), nach *Wattenheim*, das dem Besucher zunächst durch enorme Steigungen und Gefälle der Hauptstraße, die zudem noch eine unübersichtliche S-Kurve bildet, verblüfft. Danach entschädigen jedoch der Fernblick bis zum Donnersberg und die gute, gesunde Luft für überstandene Strapazen.
Die Wattenheimer, erste Nennung des Dorfes im Lorscher Codex 793: »Vadenheim«, haben anscheinend einen ausgeprägten Sinn für das Bewahren. So ist die frühgotische Kirche (heute protestantisch), aus der ersten Hälfte des 13. Jahrhunderts, besonders gut erhalten. Sie bestand zuerst aus einem kleinen Chor und einem quadratischen Schiff, dem Untergeschoß des Turmes. Zwei spätere Erweiterungen nach Westen, vermutlich im 16. Jahrhundert und 1772, bezogen jeweils den bestehenden Bau mit ein. – Der Ortsadel, urkundlich belegt von 1260 bis 1429, endete mit Ritter Johann von Wattenheim, einem Burgmann von Alzey. Danach leiningisch-westerburgisch, war Wattenheim 1768 an die Herren *von Blumenkron* verpfändet; zur Zeit der Französischen Revolution gehörte es den Herren *von Vopelius*.

View over the Eisenberg Basin towards the Pfälzer Wald

The village *Tiefenthal* has flourished remarkably since 1362 due to a foundation of pilgrimage, which was established by the Counts of Leiningen. The Catholic church, a new building dating from 1931, owns a wooden relief of St. George, which is said to have been made in 1470. A pulpit with rich Renaissance carvings and marquetry panel of the early 17th century can be admired in the Protestant church. Many a contemporary finds the thought unpleasant that the executioner of the Leininger Land lived here in former times. Further to the southwest one reaches *Wattenheim*, situated at a higher level. This village is noted for its excellent view and healthy air.

Vue sur le bassin d'Eisenberg et la Forêt du Palatinat

A partir de 1362 le village de *Tiefenthal* a connu un apogée considérable par la fondation d'un pèlerinage que firent les comtes de Leiningen.
L'église catolique construite en 1931 abrite une sculpture en bois de St. Georges que l'on date vers 1470. A l'intérieur de l'église protestante on peut admirer une chaire de style Renaissance du début du 17e s. richement ornée de sculptures et de panneaux incrustés.
A Tiefenthal était domicilié aussi le bourreau de Leiningen; y penser fait frémir maint contemporain. – Poursuivant la route en direction sud-ouest on gagne *Wattenheim*, villégiature plus élevée qui offre un vaste panorama.
L'église protestante montre le développement successif du bâtiment à travers plusieurs périodes architectoniques.

Dorfstraße in Kerzenheim

Über eine sich in vielen Windungen den Berg hinaufziehende Landstraße erreicht man das am Südwesthang des Gerstenberges zwischen zwei Bergvorsprünge eingebettete *Lautersheim*. Es ist oberhalb von Ebertsheim und Rodenbach gelegen und bietet dank dieser Lage einen herrlichen Blick in das Eisenberger Becken und nach Süden über Tiefenthal in den Pfälzer Wald, der mit den Höhen Peterskopf, Rahnfels und Drachenfels herübergrüßt. Von den Grabungen, bei denen im letzten Jahrhundert feine Pfeifenerde für die beliebten Tonpfeifen gewonnen wurde, zeugen heute noch einige bewachsene Halden auf dem Bergrücken. – Im 13. Jahrhundert gab es den Ortsadel der Ritter von Lautersheim, von denen 1238 die Brüder Jofried, Herrmann und Walter, letzterer als Pastor von Lautersheim, bekannt sind. 1458 war Landgraf Hesso von Leiningen persönlich der Lehnsherr der Pastorei. – Die protestantische Kirche, in neuromanischem Stil, wurde 1837–1846 erbaut.

Fast auf gleicher Höhe wie Lautersheim in westlicher Richtung gelegen, ist *Kerzenheim* von der Leininger-Land-Seite nur vom Tal her zu erreichen. Der Ort war schon im 13. Jahrhundert ein beachtliches Dorf, gehörte den Saliern und deren Besitznachfolgern und ist eng mit den Geschikken der Herrschaft Stauf verknüpft. Besitzer waren unter anderem auch die Grafen von Nassau-Saarbrücken und Nassau-Weilburg. Enge Beziehungen bestanden zu Kloster Rosenthal, mit dem nicht nur das an »Unter-Kerzenheim« vorbeifließende Rodenbächlein verband. Der leiningische Einfluß war hier kaum noch zu spüren. Hier wehte schon im Mittelalter ein anderer politischer Wind: Als unmittelbarer Nachbarort zu Göllheim im Donnersbergkreis wurde Kerzenheim stark in die Geschichte und Landschaft der Nordpfalz einbezogen und damit ein Mittler zwischen dem Leininger Land und dem Donnersberggebiet (vgl. Karte, Seite 104). Unter- und Oberdorf vereinigten sich, und im 19. Jahrhundert wurde noch der »Kerzweiler Hof« dem Gemeindegebiet zugeschlagen. Der Ortskern enthält schön renovierte Fachwerkhäuser, mit überdachten fränkischen Einfahrten. Der Ort hat sich – wie viele Gemeinden hier – nach dem 2. Weltkrieg in Ausdehnung und Einwohnerzahl mehr als verdoppelt. Eine moderne Mehrzweckhalle steht jetzt für das dörfliche Gesellschafts- und Kulturleben zur Verfügung. – Auch in dem von 1753 bis 1788 errichteten Neubau der protestantischen Kirche zeigt sich der Einfluß anderer Herrschaft. Fürst Karl Christian von Nassau-Weilburg war maßgeblich an der Errichtung beteiligt; die Pläne dürften in Weilburg angefertigt worden sein. Es handelt sich um einen klassizistischen, zentralen Rundbau, den einzigen Sakralbau dieser Bauform im Gebiet. Von der ehemaligen Befestigung von Kerzenheim ist so gut wie nichts mehr vorhanden.

Village Street in Kerzenheim

Lautersheim, bedded between two brows of the hill, is situated on the southwest incline of Gerstenberg. From here one has a magnificent view across the Eisenberg Basin over the "Pfälzer Wald" to the south. Pipe clay of good quality was dug up here till the turn of the century. *Kerzenheim*, which was of importance as a mediator with the neighbouring Donnersberg region, is found further west, almost on the same level. It was under the rule of Stauf and later Nassau-Weilburg. The building of the Protestant church, completed in 1788, was planned in Weilburg. It is the only ecclesiastical rotunda in this region. There are beautifully renovated half timber houses with roofed Frankish entrances in this village.

Rue à Kerzenheim

Entre deux saillies montagneuses de la côte sud-ouest du Gerstenberg s'est blotti *Lautersheim*. D'ici s'offre une très belle vue sur le bassin d'Eisenberg jusqu'à la silhouette de la Forêt du Palatinat se détachant au sud. Ici on a extrait de la terre de pipe fine encore pendant le siècle dernier. – *Kerzenheim*, situé vers l'ouest, au même niveau, jouait un rôle d'intermédiaire entre le Leininger Land et la région voisine du Mont Tonnère. Il appartenait à la Seigneurie de Stauf et plus tard à la maison de Nassau-Weilburg. A Weilburg fut conçu le plan de construction pour la nouvelle église protestante achevée en 1788. C'est l'unique église de forme ronde dans cette région.

Le village s'orne de pittoresques maisons de style franconien, constructions à colombage bien soignées dont les vastes portails sont couverts de tuiles.

Eisenguß bei Gienanth in Eisenberg

Der Eisbach wurde schon 771 in Handschriften als »Isenade« und »Isena« bezeichnet. Es handelt sich dabei um die gleiche Sprachwurzel wie bei der südlich des Leininger Landes gelegenen Isenach; in den Quellgebieten beider Bäche kommen Eisenerze vor. Der zweite Namensteil »Berg«, ist mit Sicherheit von »Burg« abgeleitet, sei es nun von einem bei Ramsen entdeckten vorchristlichen Burghügel, von der Burg Stauf, oder – was am wahrscheinlichsten ist – von einer römischen Befestigung im Süden der Stadt Eisenberg, dem sogenannten »burgus«. Die Grundrisse des *burgus* sind im 19. Jhdt. ermittelt und durch zahlreiche Einzelfunde erhärtet worden. Man nimmt an, daß der *burgus* zur gleichen Zeit wie das römische Kastell »alta ripa« (heute »Altrip«) zum Schutz gegen die Alemannen um 369 n. Chr. erbaut wurde. – Im Mittelalter war Eisenberg mit Türmen, Mauern und Gräben befestigt. Einzelheiten sind einem im Staatsarchiv Speyer befindlichen »Güldbuch« der Herrschaft Stauf zu entnehmen. Von dieser Ortsbefestigung war der sog. »Storchenturm« bis 1900 erhalten; dann wurde er abgerissen. Daneben gab es einige bedeutende Höfe, so im 13. Jhdt. einen Deutschherrenhof der Kommende Einsiedel, 1304 ein Gut der Grafen Eberhard und Walram von Zweibrücken und ein Ramser Klostergut, um nur einige zu nennen. Durch die Erbauung der Burg Stauf hatte der in der Römerzeit bedeutende Ort zunächst seine bevorzugte Stellung verloren. Bei der Teilung der Herrschaft Kirchheim und Stauf, 1555, erhielt Graf Philipp von Nassau-Weilburg mit Stauf auch die herrschaftlichen Höfe zu Eisenberg.

Die Eisenindustrie des Eistales reicht bis ins 7. vorchristliche Jhdt. zurück, wie die Halden schlecht ausgeschmolzener Schlacken bei Ramsen belegen. In der Römerzeit gab es in Eisenberg Eisen- und Bronzeverarbeitung. 1423 hatten die Leininger Grafen im Rotbachtal (Amseltal) mit dem Schürfen von Eisen- und Kupfererz begonnen, nachdem ihnen von Kaiser Sigismund, mit Urkunde vom 4. September des gleichen Jahres, das Bergwerksrecht für dieses Gebiet verliehen worden war. Eine »Schmelz« wurde unmittelbar danach gebaut. 1450 ist eine Schleifmühle in Eisenberg bekannt, die vermutlich ihren Eisenbedarf dort deckte. Fürst Karl August von Nassau-Weilburg gründete 1734 das Eisenwerk, welches am 28. Februar 1762 – wie alle Hüttenwerke im Donnersberger Land – in den Besitz der Familie Gienanth kam. In einem Zwischenspiel kaufte Didier 1771 den Hammerbetrieb, baute 1772 eine Schmelz und führte den nunmehr kompletten Hüttenbetrieb in steigende Produktionszahlen. Familie Gienanth erwarb am 24. September 1800 das inzwischen von Frankreich beschlagnahmte Fürstengut zurück. Von den Wechselfällen der Geschichte dieses Jahrhunderts nicht verschont, wurde das Werk geschickt durch alle Fährnisse gelenkt. Bekannt ist die Ofenfabrikation mit alter Tradition. Im Graugußverfahren werden heute zusätzlich Maschinenteile hergestellt; sie sichern dem Werk einen angesehenen Platz in der deutschen Industrie.

Iron Casting at the Gienanth works in Eisenberg

The town *Eisenberg* derives its name on the one hand from the iron ore deposit of this area, on the other hand most probably from a Roman "burgus", presumably erected here at about 369 A.D. The Roman history of the town has been substantiated by numerous finds. Metal and bronze were produced at that time. Since 1423 the Counts of Leiningen obtained prospecting rights and processed iron and copper directly in Eisenberg. About 1772 a complete foundry came into existence, which has almost uninteruptedly been in the possession of the Gienanth family until this day. The production of machine parts in modern grey-iron techniques has allowed the company to maintain a respected position within West German industry.

Fonte de fer dans l'usine de Gienanth à Eisenberg

Le nom *Eisenberg* dérive d'une part de la présence du minerai de fer dans cette région et d'autre, selon toute probabilité, d'un «burgus» romain qui y fut fondé vers 369 après J.-C. L'histoire romaine du lieu est prouvée par des fouilles nombreuses. À cette époque on fabriquait déjà le fer et le bronze. A partir de 1423 les comtes de Leiningen obtinrent la concession de prospection et les minerais de fer et de cuivre furent utilisés à Eisenberg. Vers 1772 on installa une complète industrie sidérurgique qui est, jusqu'à présent, en possession prèsqu'inintérompue de la famille Gienanth. La production de pièces de machines en fonte grise assure à l'usine une position renommée dans l'industrie de l'Allemagne occidentale.

21

Schwimmbad Eisenberg

Von Gienanth wurden 1829 auch die Wattenheimer Erzgruben und der im Altleininger Tal gelegene »Drahtzug«, eine bekannte Drahtwarenfabrik übernommen. Damit wurde eine Straßenverbindung von Altleiningen über Wattenheim und Hettenleidelheim nach Eisenberg notwendig und gebaut. 1861 wurde auf dieser Straße eine Pferdepostlinie eröffnet.
Im Tal entstanden ab 1875, entlang der Bahnlinie, Industriebetriebe von hohem Rang. Das Dachziegelwerk F. v. Müller trägt heute noch mit seiner Produktion der »Eisenberger Pfannen« den Namen des Herstellungsortes in alle Lande. Schamotte- und Tonwerke, verbunden mit den Namen Karl Fliesen (1882) und Schiffer und Kircher (1894), schossen aus dem Boden und läuteten eine gewaltige industrielle Entwicklung ein. Erst die erheblichen Veränderungen in den Wirtschaftsstrukturen der neueren Zeit brachten auch hier schmerzvolle Einschnitte, die letztendlich zur fast völligen Stillegung der Schamotteindustrie führten. Dies war jedoch nicht das Ende der Entwicklung, sondern neuer Ansporn. Am 16. März 1963 wurde Eisenberg zur Stadt erhoben. Die 1950 erst angesiedelte Elektrodenfabrik Oerlikon entwickelte sich zu einem expandierenden Industrieunternehmen. Schließlich waren auch die 1903 gegründeten Klebsandwerke erhalten geblieben und konnten weiter ausgebaut werden. Durch die Erschließung eines Industrieansiedlungsgebietes hat die Stadt neue Grundlagen geschaffen, die zur Zeit ihre ersten Früchte tragen.
Das Stadtbild wird überwiegend durch Bauten des 19. und 20. Jhdts. geprägt. Vereinzelt sind noch ältere Zeugen anzutreffen, wie Fachwerke in der Hauptstraße aus der Mitte des 18. Jhdts. oder das alte Wohn- und Dienstgebäude des »Kellers von Stauf«, der Güterverwaltung aus dem Jahre 1566, seitlich der Hauptstraße, in der Nähe des Rathauses. An der Stelle der heutigen protestantischen Pfarrkiche stand bis zum Ende des 19. Jhdts. ein teilweise romanisches Kirchlein. Der jetzige neugotische Bau wurde um 1900 errichtet. Die katholische Kirche wurde 1919 als Basilika erbaut, ein stattlicher, barockisierter Bau mit Kuppelturm.
Die örtliche Entwicklung ist weiterhin gekennzeichnet durch die Ansiedlung des »3. deutschen SOS-Kinderdorfes Pfalz« ab 1959, für das die Gemeinde 22000 m² Gelände kostenlos zur Verfügung stellte und hohe Erschließungskosten aufbrachte. 1984 sind in 18 Häusern 80 Kinder untergebracht und versorgt. Und zwischen Eisenberg und Stauf wurde der völlig neue Stadtteil Steinborn gegründet. Daneben sind vorbildliche Sportstätten und Schulen entstanden, die die überörtliche Bedeutung Eisenbergs betonen. Die am Hang hinter dem Lorenzer Berg gelegene Schwimmanlage bietet zur Badefreude noch einen herrlichen Blick über Stadt und Tal. Enge Partnerschaft verbindet Eisenberg mit Sanvignes Les-Mines (Frankreich) und Baldock (England).

Open-air bath in Eisenberg

In the valley industrial undertakings have developed along the railway since 1875. Fire clay and clay factories achieved a strong industrial growth for about 80 years, which has now receded in these branches. The plastic refractory clay works, however, have remained. A roof tile factory and its products spread the name of the producing town up and down the country. The carbon rod welding company Oerlikon, established in 1950, has developed to a considerable industrial undertaking. A new industrial area has been developed, helping to maintain the industrial position of Eisenberg, which was declared a town in 1963. The third German SOS-children's village has been built. – There are partnerships with Baldock and Sanvignes Les Mines.

Piscine à Eisenberg

A partir de 1875 se sont établie dans la vallée d'Altleiningen, le long de la voie ferrée, des entreprises industrielles.
L'industrie de chamotte et d'argile a pris, pendant 80 années, un fort essor qui décline actuellement. L'usine de sable adhésif continue sa production et les produits d'une tuilerie emportent loin le nom du lieu producteur. L'usine d'électrodes Oerlikon installée en 1950, connaît une progression considérable. L'aménagement d'un terrain industriel contribue à consolider le rang industriel d'Eisenberg, ville depuis 1963. A la fondation du 3e «SOS Kinderdorf» allemand et d'un nouveau quartier résidenciel en pleine verdure s'ajoutent des centres exemplaires d'enseignement et de sport. La ville a jumelé avec Baldock (Angleterre) et Sanvignes-les-Mines (France).

Stauf, Burgberg

Einen eigenartigen Reiz bietet der Anblick des Burgberges von *Stauf*, dieser kahl-grüne Kegel mit seiner Busch- und Baumkappe, dort wo einstmals die Burg bzw. die Burgen standen. Denn genau genommen waren es drei: Vor-, Mittel- und Hochburg. Die Hochburg mit Bergfried stand auf dem höchsten Punkt der steil ins Tal vorspringenden Höhe. Künstliche Felseinschnitte trennten sie von Mittel- und Vorburg, wobei letztere, gegen das jetzige Dorf zu gelegen, als Festungsvorwerk den einzigen Zugang wehrhaft schützte. Die Abschlußmauer ist in einer Reihe von Wohn- und Wirtschaftsgebäuden enthalten, die jetzt zusammen als Erholungsheim genutzt werden. Gut erhaltene Mauerreste sind noch an der Ostseite der Mittelburg zu sehen. Die Kluft zwischen ihr und der Hochburg wurde einst durch eine Brücke überwunden.

Man nimmt an, daß die Burg um das Jahr 1000 erbaut wurde, da sie in den »Miraculi Sancti Pirminii« schon 1012 erwähnt wird. Wie die Limburg bei Bad Dürkheim, gehört sie zu den ältesten Burgen der Pfalz. Ursprünglich vermutlich Königsgut, wie auch der Stumpfwald, dann Eigentum der Bischöfe von Trier, gelangte die Herrschaft Stauf um die Jahrtausendwende in den Besitz der Salier, die mit dem Burgbau auch das Eigentum an den hinzuerworbenen Dörfern Eisenberg, Göllheim, Ramsen und Kerzenheim sichern wollten. Mit den »Staufern« (Hohenstaufen) hat die Burg nichts zu tun; ihr Name leitet sich von der Kegelform des Berges ab, der auch einem »Humpen« (alte Form: Staufen) gleicht. – Auf die Salier folgten Edelherren von Stauf, Werner von Bolanden, Grafen von Eberstein, die von Zweibrücken und Graf Heinrich II. von Sponheim. Danach fiel die Herrschaft an Graf Philipp I. von Nassau-Saarbrücken und blieb seit 1431 bei Kirchheim. Burg und Kapelle St. Nikolaus wurden im Bauernkrieg 1525 niedergebrannt; die Ruine wurde später als Steinbruch ausgenützt und dadurch bis auf die heutigen Reste zerstört.

Vom Dorf Stauf selbst sind nur geringe und dann noch lückenhafte Überlieferungen bekannt. Erstmals 1278 wird mit der Burg ein Dorf genannt, doch findet es 1431 in einer Urkunde, in der es hätte erscheinen müssen, keine Erwähnung mehr. Auch im Namensverzeichnis der Herrschaft Kirchheim von 1683 ist das Dorf nicht aufzufinden. Man nimmt daher an, daß das mittelalterliche Dorf Stauf mit dem jetzigen Ort nicht identisch ist. Es scheint so, daß es, wie die Orte Morsbach, Rückweiler, Vogelsborn und (das an die Salier erinnernde) Wernersbrunn, sämtliche einstmals in der Gemarkung Stauf gelegen, ebenfalls untergegangen ist. Das heutige Stauf ist denmach erst nach 1683 entstanden. – Um die Erhaltung der Burg-Ruine bemüht sich der Historische Verein Rosenthal und Umgebung. – Den Besucher erfreut besonders der ausgezeichnete Rundblick.

Stauf, Castle Hill

The view of the castle hill of *Stauf* has a charm all of its own. The fortification, erected by the Salians at about 1000, together with the Limburg near Bad Dürkheim, is one of the oldest strongholds of the Palatinate. It consisted of a fore castle, middle castle and upper castle with a donjon, separated by man-made cuts in the rock. Today only scanty remnants of the castle, having been destroyed in the peasants' war in 1525, exist. – Stauf, deriving its name from the shape of the hill (Stauf = old drinking vessel), cannot be related with the Hohenstaufen Emperors. Originally the castle was presumably a demesne of the crown but later belonged to Nassau-Saarbrücken. The village, which disappeared in the Middle Ages, was founded again after 1683.

Stauf: colline de l'ancien château

L'aspect de la colline autrefois dominée du château fort de *Stauf* offre un charme particulier. Construit vers l'an 1000 par les Saliens, le château, ainsi que le Limburg près de Bad Dürkheim, compte parmi les plus anciens du Palatinat. Les trois parties du château étaient séparées par des incisions artificielles. Aux ouvrages avancés suivait la fortification centrale avec enceinte et tours et au point le plus élevé se dressaient le donjon et le corps de logis. Détruit pendant la guerre des paysans, en 1525, le château a disparu exception faite de quelques pans de mur. Le nom «Stauf» ne dérive pas de la dynastie des Hohenstaufen mais se réfère à la forme conique de la colline qui ressemble à un ancien hanap, dit «Stauf». À l'origine probablement propriété royale comme le Stumpfwald le château appartenait plus tard à la maison Nassau-Zweibrücken.

Le village disparu au moyen-âge fut fondé à nouveau après 1683.

Volkstanz- und Trachtengruppe der Kolpingsfamilie Ramsen

Wo die Geschäftigkeit des Eisenberger Beckens langsam im ansteigenden Eistal ausläuft, Wald und Wiesen wieder die Oberhand gewinnen und die Berge enger zusammenrücken, finden wir *Ramsen*, eine ursprünglich überwiegend vom Wald geprägte Gemeinde. Liegt sie doch am Eingang des den Pfälzer Wald nach Norden, zum Donnersberg hin, fortsetzenden Waldgebietes, des mittelalterlichen »Stamp«, des heutigen Stumpfwaldes, dort wo die Wasser und die Holzabfuhrwege zusammenlaufen. Im Mittelalter war die am Ort befindliche, 1146 gegründete Benediktinerinnen-Abtei, gestützt von der weltlichen Herrschaft Stauf, »Hüter des Stamp« und »obirst Gerichtsherre of dem Stamp« (vgl. S. 64). Hier fand das »Jahrgedinge« der »Neunmärker« statt, der waldlosen Gemeinden des in die Ebene auslaufenden Eistals. Heute noch hat das Forstamt seinen Sitz im Rest des Klostergebäudes, vermutlich dem ehemaligen Priorat. Die Klosterkirche ist verschwunden; an ihrer Stelle – so nimmt man an – erhebt sich heute die 1907 erbaute protestantische Kirche, ein Rotsandsteinbau, so wie sie in dieser Gegend vorherrschen. Ihr fast gegenüber die 1911/12 erbaute katholische Kirche, im historisierenden Basilika-Stil, mit Tonnengewölbe und »bayerischem« Zwiebelkuppelturm. – Von uralter Besiedelung zeugt noch eine etwa 2 km westlich, oberhalb des Kleehofes gelegene Graben- und Ringwallbefestigung.
Die Namen »Kleehof« und »Eiswoog« verbinden sich, außer mit Gastlichkeit, mit zahlreichen Fischweihern und Forellenzucht. Hoch über dem Eiswoog schwebt die mächtige Trägerkonstruktion der Eisenbahnbrücke – nun fast nur noch zu nostalgischen Dampflokfahrten genutzt –, während über das dunkle Wasser Ruder- und Paddelboote gleiten oder Schwimmer, die offene Gewässer lieben, sich in den meist kühlen Fluten erfrischen.
Natur- und traditionsverbunden ist auch heute noch die Bevölkerung des Ortes, die – vielleicht gerade wegen der etwas abgeschiedenen Lage – ein reiches dörfliches und gesellschaftliches Eigenleben entfaltet. Musik, Gesang und Brauchtum werden intensiv gepflegt, zur eigenen Freude und derjenigen der anderer Gemeinden, die sich gerne die geselligen Leute aus Ramsen zu ihren Festen einladen. Hervorragend die Leistungen der Volkstanz- und Trachtengruppe der Kolpingsfamilie, die sich insbesondere der Pflege dieses lebendigen Ausdrucks dörflicher Gemeinschaft und Geselligkeit widmet und mit ihren temperamentvollen Vorführungen, den gekonnten Arrangements und farbenprächtigen Trachten überall großen Anklang findet. So wie der Wein zum »Urstrom« dieses Landes wurde, sind die von ihnen gebotenen Volkstänze ein Abbild der sinnenfrohen Fröhlichkeit des vorderpfälzischen Menschenschlags.

Folk Dance Group of the Kolpingsfamilie Ramsen ("Family" of Young Catholic Working Men)

Ramsen lies in a place where wood and meadows are predominant and where the hills come closer together. Here the Stumpfwald begins, the medieval "Stamp". The Benedictine convent Ramsen was appointed its lord of the manor. In the rooms and yards of the convent the "Jahrgedinge" of the "Neunmärker", which were the municipalities with no wooded area in the lower valley of the Eisbach, took place. Today the forest office still has its seat in the remaining buildings of the former monastery. The nature loving and traditionalistic local inhabitants cultivate music, singing, and tradition in numerous societies. People like to watch the performances of the folk dance groups and the groups in traditional costumes of Ramsen. Magnificent trouts thrive in numerous fish-ponds.

Groupe folklorique de danseurs en costumes régionaux à Ramsen

A l'endroit où les collines se rapprochent, où la forêt et les praeries prédominent se trouve *Ramsen*. C'est ici que commence le Stumpfwald, le «Stamp» médiéval, soumis à la juridiction du monastère des bénédictines à Ramsen. Dans les bâtiments et cours de cette monastère eut lieu le «Jahrgedinge», la séance annuelle des «Neunmärker», association de 9 communes de la vallée inférieure de l'Eis ne possédant pas de forêt. Encore de nos jours l'administration des Eaux et Forêts de Ramsen siège dans des bâtiments d'origine monastique. La population liée à la nature et aux traditions a formé plusieurs sociétés cultivant la musique, le chant et les coutumes traditionelles. Les représentations folkloriques d'un groupe de danseurs en beaux costumes régionaux sont fort estimées. Dans cette vallée abondante en eaux il y a bien des étangs remplis de magnifiques truites.

Klosterruine Rosenthal

Alle Klöster der hiesigen Landschaft an Bedeutung überragt die Zisterzienserinnenabtei St. Maria in *Rosenthal*, gegründet von Graf Eberhard II. von Eberstein und seiner Gemahlin Adelheide, Besitzer der Herrschaft Stauf, am 28. Dezember 1241. Zwanzig Jahre später wurde die älteste Fassung der Kirche eingeweiht. Der Name des Klosters ist wohl auf die im Wappen des Gründers befindliche Rose zurückzuführen und nicht auf angeblich mitten im Winter entdeckte blühende Rosen, die – der frommen Sage nach – bei der Rodung vorgefunden wurden. Sicherlich ist die einsame Lage des Klosters zwischen den nahegerückten Anhöhen ein guter Boden für das Gedeihen von Sagen und Gerüchten. Diese ranken sich auch um den in der berühmten Schlacht am Hasenbühl bei Göllheim am 2. Juni 1298 gefallenen König Adolf von Nassau und eine Nonne, die seinetwegen später lebendig eingemauert worden sein soll. Überliefert dagegen sind die Tatsachen, daß der Sieger der Schlacht, Albrecht von Österreich, im Kloster sein Hauptquartier hatte sowie, daß der Leichnam des Besiegten hier seine vorläufige Ruhestätte fand, bis er am 29. August 1309, Seite an Seite mit seinem Todfeind, im Königschor des Domes zu Speyer beigesetzt wurde.

Die Tatsache, daß viele Angehörige des Adels in das Kloster Rosenthal eintraten, mag mit zu seinem Reichtum beigetragen haben. So konnte das Kloster z. B. dem Grafen Friedrich von Leiningen 1424 ein Darlehen von 700 Gulden geben. Trotz der Verwüstungen von 1460, in der Fehde zwischen dem Kurfürsten von der Pfalz und Herzog Ludwig dem Schwarzen von Zweibrücken, trotz der Plünderungen und Zerstörungen des Bauernkrieges 1525 konnte die letzte Äbtissin Elisabetha von Geispitzheim, am 21. November 1572 noch einen ansehnlichen Besitz an die Grafen Nassau-Saarbrücken übertragen, den Fürst Karl von Nassau-Weilburg bei der Übernahme 1755/77 noch mit der stattlichen Summe von 157837 Gulden bezahlte.

Von der ehemaligen Klosterkirche sind nur noch Teile des einschiffigen Langhauses mit der Westwand und vor allem das spätgotische, mit einer zierlichen achteckigen Laterne und schönem Maßwerk verzierte Türmchen erhalten. Der Kreuzgang ist zerstört, die restlichen Klostergebäude werden heute wirtschaftlich genutzt. – Die Bevölkerungsumwälzung der Zeit nach dem zweiten Weltkrieg brachte auch in diese Einsamkeit den Zuzug von Wohnungssuchenden und es entstand ein eigener Siedlungsteil. Der landschaftliche Reiz der Gegend, in die das Türmchen der Klosterruine mahnend hineinragt, blieb weitgehend erhalten. Daß dieses Kleinod vor weiterem Verfall gesichert werde, ist Anliegen des rührigen Historischen Vereins Rosenthal und Umgebung. Sicher werden seine Bemühungen bei allen Heimatfreunden Unterstützung finden.

Monastic Ruins of Rosenthal

The Cistercian nun abbey St. Maria at *Rosenthal* excelled all monasteries and convents of this region in importance. Founded in 1241, it served Albrecht of Austria as headquarters in 1298. King Adolf of Nassau, fighting for the German crown on the battlefield near Göllheim in the proximate neighbourhood and killed in action, was temporarily buried here. On August 29th, 1309 he was laid to rest at the side of his sworn enemy in the King's Choir of Speyer Cathedral. Only parts of the former church of the convent, consisting of only one nave, and small towers in late Gothic style, have been preserved. The very active "Historical Club Rosenthal and Surroundings" takes great pains to preserve this treasure.

Ruine de l'abbaye à Rosenthal

L'importance de l'abbaye des cisterciennes St. Marie à *Rosenthal* fut sans pareille dans cette région. Fondée en 1241 elle servit, déjà en 1298, de quartier général à Albrecht d'Autriche. Dans la bataille pour la dignité royale de Germanie qui eut lieu sur les champs avoisinants près de Göllheim son rival, le roi Adolf de Nassau, tomba. Il fut enseveli à Rosenthal avant de trouver, le 29 août 1309, à côté de son enemi mortel, sa dernière demeure dans le choeur royal de la cathédrale de Spire. Les seuls vestiges de l'ancienne église abbatiale sont des parties du nef et des tourelles du gothique tardif. La société de Rosenthal et de ses environs fait de grands efforts pour conserver ce trésor.

Burg Neuleiningen

Wie ein roter Faden zieht sich der Name Leiningen durch diese Beschreibung. Sei es als Alt- oder Neuleiningen – allein schon mit diesem Begriffspaar Entwicklung andeutend – oder in der Verzweigung der Geschlechter-Linien, die alle mit Leiningen beginnen. Mehr noch in Verbindung mit den Orten, Menschen und Schicksalen, die mit diesem Namen verknüpft sind. Hierin liegt eine Wurzel des Zusammengehörigkeitsgefühls, die den Einheimischen mitgegeben, den Neulingen angeboten ist. Wer – oftmals nach schwerem Erleben – hier Arbeit, Ruhe und Sicherheit fand, sucht auch nach historischer Bindung, um sich selbst wiederzufinden. Da die deutschen Schicksale – und beinahe auch die europäischen – vergleichbar sind, kann, gefördert durch familiäre und berufliche Bindung, hier gut ein neues Heimatgefühl wachsen. Unseren Zugezogenen, die manches Hiesige schon besser begriffen haben als die Alteingesessenen, bietet sich über das Verstehen der Vergangenheit die Möglichkeit, mit uns gemeinsam die Zukunft zu gestalten. Die Landschaft bildet dazu einen einzigartigen Rahmen. Dies wäre die zweite Möglichkeit der Verwurzelung, da die Vielfalt dieses Landstrichs und die darin enthaltene Erlebnismöglichkeit Herz und Sinne öffnen. Das Angebot ist so groß, daß alles hier Dargestellte nur Hinweis sein kann auf die vorhandene Fülle, nur Anregung geben kann, selbst zu schauen und zu erleben. Wenn beim Einheimischen Vergessenes und Verschüttetes in Erinnerung gerufen, bei der Jugend und den Neulingen Neugier und Erlebnisfreude geweckt werden, hat dieses Buch seinen Sinn erfüllt. Denn: Wer sich erinnert, lebt. Wer mit offenen Augen und Sinnen Land und Leute entdeckt, erfährt und begreift, dem offenbaren sich Schönheit, Geborgenheit und Zuneigung, die alle im Begriff »Heimat« enthalten sind. Womit die dritte Wurzel ihren Halt gefunden hätte.
Von der Höhe des Haardtgebirges leuchtet die angestrahlte Silhouette von Dorf, Kirche und Burg Neuleiningen bis weit in die Ebene. Gemeinschaft, Glaube und Sicherheit könnten sie verkünden. Aber auch, wie brüchig die letztere ist, wenn nicht die anderen Werte standhalten – die Ruine macht es deutlich. Was immer wir auch noch über die Welt und den Weltraum erfahren, über das All, das uns umgibt: Der Raum in dem wir leben ist es, der uns prägt, dessen Bild nicht spurlos an uns vorübergeht. Deshalb ist Landschaft auch Schicksal. Je besser wir sie kennen, umso leichter erkennen wir uns in ihrem Spiegel.

Neuleiningen Castle

The name Leiningen runs like a red thread through this description. In Altleiningen or Neuleiningen, for example, or in the ramification of the lines, all beginning with "Leiningen". Furthermore it exists in connections with the villages, people, and fates, linked with this name. This is one root of the feeling of solidarity, innate to the people resident here, or offered to the newcomers. People like the refugees and expellees, who have found work, peace and safety here after bitter experiences look for historical ties to find themselves again. As the German and European fates are nearly comparable, a new feeling of belonging to one's native land is encouraged.
From the height of the Haardt hills the illuminated silhouette of the village, church, and castle of Neuleiningen shine, greeting those in the plain far off.

Château de Neuleiningen

Leiningen, c'est le son fondamental de cette déscription. Il se trouve dans les noms d'Alt- et de Neuleiningen et dans la ramification des différentes lignes qui toutes commencent par Leiningen. Les vieux bâtiments des villes et villages le reflètent encore à présent, il a eu de l'influence sur le peuple et son destin. Voilà l'origine de la solidarité connue de la population originaire et offerte aux nouveaux-venus. Ceux qui comme les expulsés et refugiés ont retrouvé ici, après de graves vicissitudes, occupation et tranquillité auront besoin des liens historiques pour retrouver le fond de leur vie. Les mésaventures d'ont beaucoup d'entre nous, allemands et européens, ont éte témoins étant similaires, il sera possible pour chacun de regagner «son pays», même à l'étranger.
Sur les collines montagneuses du Haardt se dresse Neuleiningen saluant et portant loin dans la plaine le rayonnement de sa silhouette embrasée.

Literaturverzeichnis

Die farbigen Bildseiten 8 und 9 sind Wiedergaben von zwei Originalseiten der »Großen Heidelberger Liederhandschrift«, des sogenannten *Codex Manesse*, auch als »Manessische Handschrift« bezeichnet. Diese berühmteste der zahlreichen mittelalterlichen – insbesondere deutschsprachigen – Handschriften der Universitätsbibliothek Heidelberg enthält auf 426 Pergamentblättern (= 852 Seiten) die umfangreichste Sammlung mittelhochdeutscher Lied- und Spruchdichtung: etwa 6000 Strophen von 140 Dichtern. Seitenformat des Originals: 35,5 × 25 cm. Auf dem Pergament sind Hilfslinien erkennbar, die zur Einhaltung der Spalten- und Zeilengröße für die Schreiber vorgeritzt wurden. Außer mit farbigen Initialen ist das Werk mit 137 farbigen Bildern und einer Federzeichnung geschmückt. Jedes der Bilder ist dem Werk eines Dichters (Minnesängers) zugeordnet und steht jeweils als Titelbild vor der Sammlung seiner Gedichte. Da von ›Grave Friderich von Liningen‹ nur ein Lied veröffentlicht ist, befindet sich das Bild auf einer rechten Seite, der Text jedoch auf der Rückseite des gleichen Pergamentblattes. Hauptquelle bei der Entstehung des Werkes (um 1300–1335) war eine Sammlung von Aufzeichnungen damals schon älterer Minnelieder, die von dem Züricher Patrizier Rüdiger Manesse und seinem Sohn angelegt worden war.

Vom kompletten Codex Manesse wurden Faksimile-Ausgaben (Reprints in den Originalfarben, mit Golddruck) hergestellt: Insel-Verlag, 1. Ausgabe Leipzig 1925, 2. Ausgabe Frankfurt a. M. 1979, herausgegeben von W. Koschorreck und W. Werner. Sie sind trotz ihres hohen Preises beim Verlag vergriffen. Als Reproduktionsvorlage für das Bild Seite 9 diente ein Blatt der im Verlag Dr. Rudolf Georgi, Aachen, erschienenen Einzeldrucke der Bilder aus der Manessischen Liederhandschrift. Die Wiedergabe des Textes auf Seite 8, mit daneben eingefügter Übertragung ins Hochdeutsche, erfolgt nach einer Reproduktion, die vom technischen Betrieb der Dr. Rudolf Georgi GmbH & Co. KG aufgrund einer Faksimiledruckseite der Insel-Ausgabe von 1925 gefertigt wurde. Der Erhaltungszustand der Seite entspricht dem im Original: es handelt sich um eines der wenigen Blätter, die im Lauf der Jahrhunderte teilweise Schaden genommen haben.

Zur Erarbeitung und Kontrolle des Textes im vorliegenden Bildband dienten dem Verfasser u. a. folgende Veröffentlichungen:

Becker, Albert: *»Pfälzer Volkskunde«*, Bonn/Leipzig 1925

Becker, Albert: *»Pfälzer Frühlingsfeiern«*, Kaiserslautern 1908

Becker, August: *»Die Pfalz und die Pfälzer«*, Pfälzische Verlagsanstalt GmbH, Neustadt, neu 1967

Bischoff/Heinz/Rapp: *»Das große Pfalzbuch«*, 6., erw. Aufl., Neustadt 1980

Blankenheim, L.: *»Aus Grünstadts vergangenen Tagen«*, 1955

Brinckmeier, E.: *»Genealogische Geschichte des Hauses Leiningen und Leiningen-Westerburg«*, Braunschweig 1890

Conrad, H.: *»Leiningen, vom Stammhaus und den Stammlanden«*, Bd. I–II/2. Teil, Frankenthal 1967/68; Bad Dürkheim 1971

Dellwing: *»Die Martinskirche in Bockenheim«*, Sonderdruck aus: »Der Turmhahn«, Heft 5/6, Speyer 1982

»Die Kunstdenkmäler der Pfalz«, Bd. VIII: Stadt und Landkreis Frankenthal, 1939; unveränderter Nachdruck 1982, Deutscher Kunstverlag, München

Ernst, Fr. W.: *»Geschichte des Leiningischen Gymnasiums zu Höningen und zu Grünstadt«*, I.) 1573–1819, Grünstadt 1927; II.) 1819–1919, Grünstadt 1929

Faber-Kaltenbach: *»Geschichte der Rheinpfälzischen Literatur«*, Kaiserslautern 1928

Feßmeyer, H.: *»Geschichte von Grünstadt«*, Grünstadt 1936

Feßmeyer, H.: *»Der Stumpfwald bei Ramsen«*, herausgegeben vom Zweckverband der am Stumpfwald berechtigten Gemeinden (Neunmärkerei), 1956

Gärtner, P.: *»Geschichte der bayerisch-rheinpfälzischen Schlösser«*, 1. und 2. Band, Speyer 1854/55

Geiger/Preuß/Rothenberger: *»Pfälzische Landeskunde«*, Landau 1981 (Selbstverlag)

Geissel, J.: *»Die Schlacht am Hasenbühl und das Königskreuz zu Göllheim«*, 1835, Nachdruck 1982 durch das Museum Uhl'sches Haus und die Gemeinde Göllheim

Glatz, J.: *»Mittelalterliche Wandmalerei in der Pfalz, Fälschung und Verfälschung«*, in: »Pfälzer Heimat«, 33. Jahrgang, Heft 2/3, Sept. 1982

Graf, H.: »*1200 Jahre Eisenberg (Pfalz)*«, Eisenberg 1963

Grimm, J.: »*Deutsche Rechtsaltertümer*«, 4. Ausg., Bd. 1 u. 2, Leipzig 1922

Heiberger, H.: »*Das Schloß zu Altleiningen*«, Heidelberg 1975

Heiberger, H.: »*Die Westerburg*«, Sinsheim/Hoffenheim 1978

Heinen, W.: »*Rheinpfalz*«, in: »Gesamtwerk Deutscher Wein«, Essen 1980

Heuser: »*Neuer Pfalzführer*«, Waldkirch 1979

Keller, H. J.: »*Mein Heimatbuch. Aus vergangenen und gegenwärtigen Tagen von Kirchheim a. d. Weinstraße*«, Kirchheim 1955

Knoch: »*Kurtze Historische Beschreibung und Begebnisse des Fleckens Grünstadt*«, 1760, neu herausgg. von W. Lampert, Grünstadt 1975

Kubach: »*Die Pfalz*«, in der Reihe »Deutsche Lande, Deutsche Kunst«, 2. erw. Aufl., Deutscher Kunstverlag, München 1966

Lampert, W.: »*1100 Jahre Grünstadt*«, Grünstadt 1975

Lampert, W.: »*Grünstadt und Umgebung*«, Offizieller Führer der Stadt Grünstadt, Grünstadt 1963

Lampert, W.: »*Grünstadts Straßen, Gassen, Wege, Plätze*«, Grünstadt 1963

Lampert, W.: »*Grünstadt in alten Bildern*«, Bd. 1 u. 2, Grünstadt 1978 und 1980

Lehmann, J. G.: »*Urkundliche Geschichte der Burgen und Bergschlösser der bayerischen Pfalz*«, III. Bd./Geschichte des gräflich leiningischen Gesamthauses, Kaiserslautern 1861

»*Reclams Kunstführer, Deutschland VI: Rheinland-Pfalz, Saarland*«, Stuttgart 1980

Remling, F. X.: »*Urkundliche Geschichte der ehemaligen Abteien und Klöster im jetzigen Rheinbayern*«, 2. Teil, München 1836

Schmidt di Simoni: »*Die edlen Weine der Pfalz*«, Seewald-Verlag, Stuttgart 1968

Schmidt/Medding: »*Die protestantische Kirche zu Mühlheim a. d. Eis*«, in: »Der Turmhahn«, Heft 1, Speyer 1951

Sprater, Fr.: »*Das römische Eisenberg*«, Verlag Historisches Museum der Pfalz, Speyer 1952

Spuhler: »*Einführung in die Geologie der Pfalz*« = Veröffentlichung der Pfälz. Gesellschaft zur Förderung der Wissenschaften, Nr. 34, Speyer 1957

Stapf/Lang: »*Natur und Landschaft im Raume Grünstadt*«, in: Mitteilungen der Pollichia, III. Reihe, 19. Bd., 1972, S.: 134–153

Trott: »*Die sogenannten Blitzröhren bei Battenberg und Neuleiningen (Canton Grünstadt in der Pfalz)*«, XXII–XXIV, Pollichia: 43–47, Dürkheim a. H. 1866

Toussaint, I.: »*Die Grafen von Leiningen*«, Thorbecke Verlag, Sigmaringen 1982

Die Luftaufnahme auf Seite 17 dieses Buches, »Landschaft um Carlsberg und Hertlingshausen«, wurde freigegeben zur Veröffentlichung mit folgendem Genehmigungsvermerk:
Freigabe durch Bezirks-Regierung Rheinhessen-Pfalz, Mainz, Gen.-Nr. 13989–6 / 15. 8. 1983.

Die Abbildung der Zunfttruhe auf Seite 49 wurde mit freundlicher Unterstützung der Firma Foto Hierat, Grünstadt, angefertigt.

Auf Wunsch liefert der Verlag von den Abbildungen des vorliegenden Bandes auch Großfotos, geeignet als Wandschmuck, gerahmt, Format 50 × 50 cm und 50 × 70 cm. Preise auf Anfrage. Es stehen noch zahlreiche zusätzliche Ansichten der hier veröffentlichten Motive zur Verfügung.
Wenden Sie sich bitte an:
Garamond Verlag, Sausenheimer Str. 10,
D-6718 Grünstadt

Register

Bei der alphabetischen Einordnung der Schlag- und Stichwörter sind die Umlaute ä, ö, ü stets wie einfaches a, o und u behandelt, nicht wie ae, oe, ue.

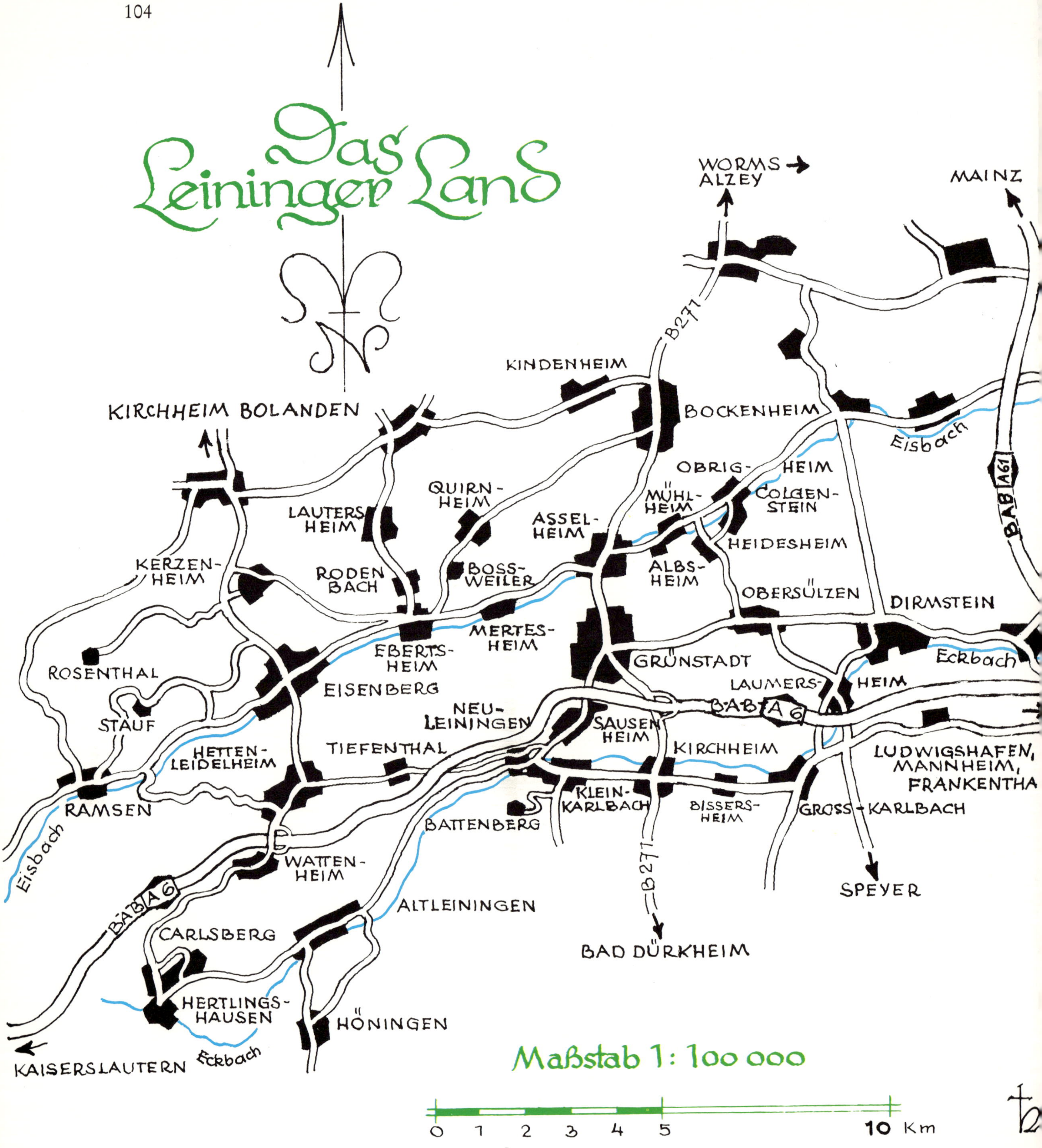
Das Leininger Land
WORMS
ALZEY
MAINZ
B271
KINDENHEIM
KIRCHHEIM BOLANDEN
BOCKENHEIM
Eisbach
OBRIG-
HEIM
QUIRN-
HEIM
MÜHL-
HEIM
COLGEN-
STEIN
BAB A61
LAUTERS-
HEIM
ASSEL-
HEIM
HEIDESHEIM
KERZEN-
HEIM
RODEN
BACH
BOSS-
WEILER
ALBS-
HEIM
OBERSÜLZEN
DIRMSTEIN
MERTES-
HEIM
EBERTS-
HEIM
ROSENTHAL
GRÜNSTADT
Eckbach
EISENBERG
LAUMERS-
HEIM
NEU-
LEININGEN
BAB A6
STAUF
SAUSEN-
HEIM
HETTEN-
LEIDELHEIM
TIEFENTHAL
KIRCHHEIM
LUDWIGSHAFEN,
MANNHEIM,
FRANKENTHA
RAMSEN
KLEIN-
KARLBACH
BISSERS-
HEIM
GROSS-KARLBACH
BATTENBERG
Eisbach
WATTEN-
HEIM
SPEYER
BAB A6
ALTLEININGEN
CARLSBERG
BAD DÜRKHEIM
HERTLINGS-
HAUSEN
HÖNINGEN
KAISERSLAUTERN
Eckbach
Maßstab 1: 100 000
0 1 2 3 4 5
10 Km